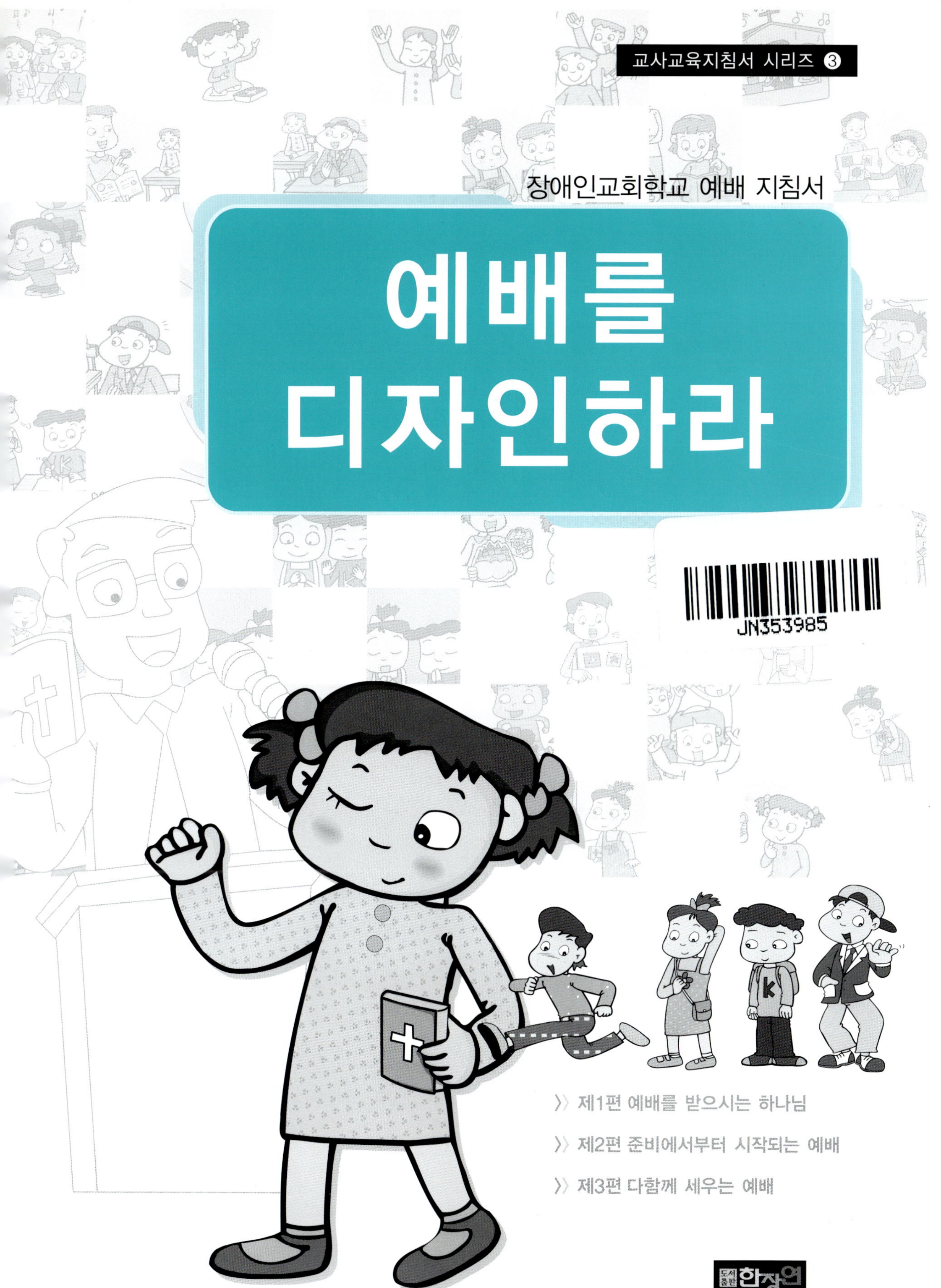

교사교육지침서 시리즈 ③

장애인교회학교 예배 지침서

예배를 디자인하라

》 제1편 예배를 받으시는 하나님

》 제2편 준비에서부터 시작되는 예배

》 제3편 다함께 세우는 예배

도서출판 한장연

교사교육지침서 시리즈 ❸

장애인교회학교 예배 지침서 예배를 디자인하라

초판 1쇄 | 2008년 12월 26일
초판 발행 | 2008년 12월 30일

발행인 | 김해용
발행처 | 도서출판 한장연
　　　　 등록번호 제 22-1582호
엮은이 | 김해용 목사(한국장애인사역연구소장)
감수위원 | 강창욱 교수(강남대학교 특수교육과)
　　　　 김병훈 교수(합동신학대학원대학교 조직신학)
　　　　 최대열 목사(명성교회 사랑부)

편집책임 | 이희철
아트디렉터 | 노재현
디자인 | 이은경
일러스트 | 정효은
편집위원 | 손영남

주소 | (427-070) 경기도 과천시 주암동 70-4
전화 | 02)596-4973
팩스 | 02)596-4975
홈페이지 | www.kmind.net

이 책에 실린 모든 글과 그림을 무단으로 복사·복제·배포하는 것은
저작자의 권리를 침해하는 것입니다.
ⓒ도서출판 한장연

ISBN | 978-89-89013-70-9

정가 | 7,000원

* 가까운 서점 및 www.kmind.net에서 쉽게 구입할 수 있습니다.

장애인교회학교 예배 지침서

예배를 디자인하라

>> 제1편 예배를 받으시는 하나님
>> 제2편 준비에서부터 시작되는 예배
>> 제3편 다함께 세우는 예배

예배를 시작하며

"아버지께 참되게 예배하는 자들은 영과 진리로 예배할 때가 오나니 곧 이 때라 아버지께서는 자기에게 이렇게 예배하는 자들을 찾으시느니라"(요 4:23).

언제부터인지 대다수의 한국 교회가 예배에 참여하는 성도들에게 감동을 주기 위해 여러 방법들을 사용하기 시작했습니다. 그에 따라 다양한 형식의 예배가 나타나고 있습니다. 하지만 예배의 중심은 하나님이시며, 예배에서는 오로지 하나님만이 높임과 찬양을 받으셔야 합니다. 때문에 예배의 본질이 흐려져서는 안 됩니다.

예배는 예수 그리스도를 통한 하나님과 인간의 만남입니다. 예배에는 다음의 두 가지 요소가 필수적으로 들어 있어야 합니다. 첫째, 창조주이신 하나님이 인간에게 말씀으로 임재하시는 것과 둘째, 인간이 창조주 하나님께 믿음으로 반응하는 것입니다. 다시 말해서 하나님의 백성은 예배를 통해 하나님과 소통합니다. 그러므로 하나님께서 영적으로 임재하시고 말씀으로 예배에 참여하는 예배자를 찾아오시며, 예배자는 믿음을 가지고 전 인격적으로 반응하는 것이 참된 예배이자 예배의 본질입니다.

우리가 자주 사용하고 있는 예배의 영어단어인 'Worship'은 앵글로색슨어인 'Worthship'이란 말에서 유래하는데 그 뜻은 '값을 지불한다'는 것입니다. 따라서 성도들이 '하나님께 예배 드린다'는 의미는 '하나님께 값을 돌려드린다'는 말로 해석할 수 있습니다. 한편으로 신약성경에서 예배를 표현하는 단어로 사용되었던 헬라어 '레이투르기아($\lambda\epsilon\iota\tau o\upsilon\rho\gamma\iota\alpha$)'는 '하나님께 드리는 제사와 기도에 관계된 제사장의 직무'를 가리킬 때 사용했습니다. 그러므로 예수님께서 갈보리 십자가 위에서 많은 사람들, 곧 구속받을 백성들의 피 값을 대신 지불하시며 거룩한 희생 제사를 드리셨던 것(주님께서 십자가 위에서 운명하시기 전 '테텔레스타이' 곧 '값을 치루었다'라고 말씀하심)은 인류를 위한 값있는 제사였습니다. 따라서 대속의 의미를 깨달은 자라면 누구나 그리스도를 통하여 그 은혜로 말미암아 하나님께 나아갈 수 있습니다.

지금도 하나님께서는 교회를 통하여 이 세상의 모든 사람들에게 초청의 메시지를 전하고 계십니다. 그런데 예수 그리스도를 대신하여 구원 사역을 감당해야 할 교회가 장애인들을 환영하고 있지 않습니다. 설사 교회의 문이 활짝 열려 있다고 해도 보이지 않는 높은 벽 때문에 장애인들은 함께 교회에 가지 못합니다.

예배는 장애인뿐만 아니라 모든 성도들에게 의무이자 특권이며 모든 죄와 장애의 고통으로부터 자유할 수 있는 유일한 길입니다. 그러므로 교회는 아픔과 고통을 겪고 있는 장애인을 예배의 자리에 초청해야 합니다. 예수님께서는 누구든지 은혜의 보좌로 나오라고 말씀하셨습니다. 따라서 누구나 선하시고 위대하신 하나님의 사랑에 대한 반응으로 하나님 앞에 나올 수 있으며 또 나와야 합니다.

하나님께서 기뻐 받으시는 예배는 신령과 진정으로 드리는 예배이며, 하나님께서도 이렇게 예배를 드리는 자를 찾고 계십니다(요 4:23~24). 신령과 진정으로 경배하지 않으면 그 경배는 헛된 것입니다. 과거 한국기독교역사의 뒤안길을 살펴보면 '누구나'라는 원칙 속에 장애인은 배제되어 있었습니다. 그리고 현재까지 여전히 보이지 않는 교회의 높은 벽으로 인하여 장애인은 마음 놓고 예배의 자리에 나오지 못하고 있습니다.

그 이유는 다음과 같습니다.

첫째, 장애인을 동정과 구제의 대상으로만 보는 교회와 목회자의 무지

둘째, 개교회 중심의 성장 정책에 따른 장애인에 대한 무관심

셋째, 장애인복지선교를 위한 전문사역자의 부재

넷째, 장애인에 대한 신학 부재

다섯째, 장애인 교육을 위한 교육 자료와 환경 부재

여섯째, 장애인에 대한 성도들의 무관심과 기피

이에 따라 장애인사역은 필수사역이 아닌 선택사역이 되고 말았습니다. 복음은 그 대상에 차별을 두지 않으며 모든 족속에게 전해야 하는 그리스도의 명령입니다(마 28:19~20). 따라서 예수님의 말씀을 기억하며 장애인들을 어떻게 하나님께로 인도해야 하는지 예배를 중심으로 살펴보고자 합니다.

주후 2008. 12. 24 연구소에서

Contents

예배를 시작하며 _ 4

제 1 편 예배를 받으시는 하나님

1. 예배의 정의 _ 10
2. 예배의 의미 _ 11
   1) 구약성경에서의 예배 _ 11
   2) 신약성경에서의 예배 _ 11
3. 예배의 본질 _ 12

제 2 편 준비에서부터 시작되는 예배

1. 예배를 구성하라 _ 16
   1) 찬양과 경배 _ 16
   2) 회개 _ 17
   3) 하나님의 은혜 _ 18
   4) 헌신과 순종 _ 18
2. 예배의 환경을 갖추라 _ 19
   1) 예배 공간 디자인 _ 19
   2) 예배 회중석 조성 _ 19
   3) 방송, 음향, 영상 시설 세팅 _ 19
   4) 보조시설 _ 21
3. 예배를 세우라 _ 23
   1) 장애인교회학교 예배 모델 _ 23
   2) 장애인교회학교 예배 사례 _ 28
      가버나움교회 _ 28
      갈보리교회 _ 29
      남서울은혜교회 _ 31
      명성교회 _ 33
      연수제일교회 _ 34
      주사랑공동체교회 _ 36
      할렐루야교회 _ 37
   3) 장애인교회학교 예배 모습 _ 40

제 3 편 다함께 세우는 예배

1. 설교를 디자인하라 _ 44
   1) 기초와 목적을 세우라 _ 44
   2) 내용을 구성하라 _ 44
   3) 환경을 구성하라 _ 45
   4) 시청각자료를 활용하라 _ 46
   5) 다양한 언어를 사용하라 _ 47
   6) 전달효과를 높여라 _ 48
   7) 설교 십계명 _ 48
2. 공과교육을 디자인하라 _ 50
   1) 목적을 분명하게 _ 50
   2) 공과교육의 실제 _ 50
   3) 학생들이 변화하는 공과교육 _ 51
   4) 공과 및 보조자료 활용법 _ 51
   5) 시청각 교육자료 활용법 _ 53
   6) 장애인교회학교 공과 제작과 교육의 실제 _ 55
   7) 효과적인 공과지도를 위한 제안 _ 57
3. 연결활동을 디자인하라 _ 58
   1) 의미와 기대효과 _ 58
   2) 활용방법 _ 58
   3) 진행 시 유의사항 _ 58
4. 중보기도 모임을 디자인하라 _ 59
   1) 교사의 중보기도 _ 59
   2) 중보기도팀 운영 _ 60

예배를 마치며 _ 61
   1. 회복되어야 할 예배 _ 61
   2. 하나됨을 위한 예배 _ 62
   3. 영광을 드러내는 예배 _ 63

부록 발달장애인을 위한 사도신경 찬양 악보 _ 66
발달장애인을 위한 주기도문 찬양 악보 _ 68
발달장애인을 위한 십계명 찬양 악보 _ 69
아름다운 예배 만들기 _ 70
   1. 언어치료 방법을 통한 공과지도 _ 70
   2. 음악치료 방법을 통한 공과지도 _ 72
   3. 미술치료 방법을 통한 공과지도 _ 74
   4. 연결활동은 어떻게? 이렇게! _ 76

사례 교회 인터넷 홈페이지 주소 _ 78
참고문헌 _ 79

- 예배의 정의
- 예배의 본질
- 예배의 의미

제 1 편
예배를 받으시는 하나님

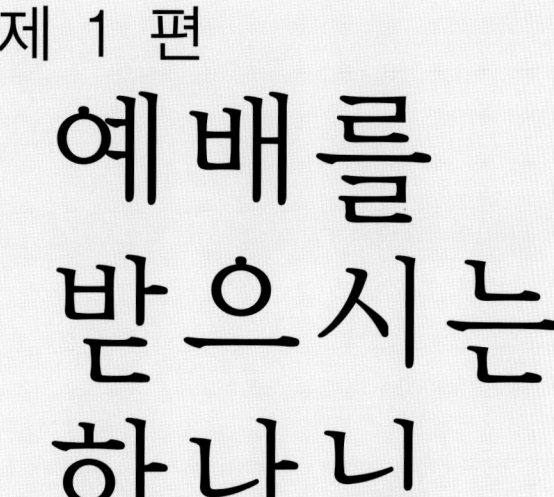

예배는 예배자를 찾으시는 하나님의 부르심에의 응답이자, 그리스도인으로서 창조주 하나님 앞에 나아와 그에게 무릎을 꿇고 경배하는 최고의 행위이며 하나님을 만나는 행동입니다. 이러한 예배는 곧 교회 내의 공적인 예배에서 출발하여 그리스도인의 전 삶의 봉사로서 실제 생활 속에서의 섬김의 삶까지 나타나야 합니다(롬 12:1).

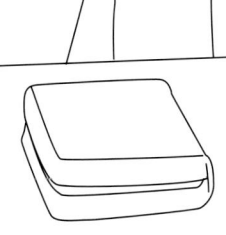

예배를 받으시는 하나님

1. 예배의 정의

예배신학자인 로버트 레이번 교수는 성경에 나타난 예배의 용어들을 다음과 같이 종합하였습니다. 첫째, 예배는 신실한 신앙인이 하나님의 영화로우신 존엄성을 인식하고 살아 있는 하나님 앞에 자신을 굽어 엎드리는 것이어야 한다. 둘째, 예배자들은 예수 그리스도가 보여주신 대로 순종하는 종의 자세로 하나님께 자신을 내어 놓는 것이어야 한다.

지글러(Franklin M. Segler)는 "예배는 예수 그리스도 안에 나타난 하나님 자신의 인격적인 계시에 대한 인간들의 인격적인 신앙 안에서의 정성어린 응답"이라고 했습니다(Christian Worship: Its Theology and Practice. 정진황 역, 『예배학 원론』, 서울: 요단출판사, 1979).

노틀담대학 예배신학 교수인 제임스 화이트(James F.White)는 예배를 "예수 그리스도 안에서, 그리고 그를 통하여 하나님을 알고 거기에 응답하는 가장 심오한 경지의 실제성에 접근하는 사려 깊은 행동이다"라고 말했습니다.

예배는 하나님을 향한 인간의 경배와 순종을 통한 행위의 응답입니다. 즉, 믿음의 응답입니다. 이에 대하여 레이몬드 아바(Raymond Abba)는 "우리가 그에게 최상의 가치를 돌리는 것은 그가 자신을 우리의 온전한 경외와 감사와 신뢰를 받으실 만한 가치가 있는 분으로 나타내셨기 때문이다. 예배는 본질적으로 응답인 바, 곧 하나님의 은혜의 말씀과 그가 우리 인간들과 우리의 구원을 위하여 행하신 일에 대한 인간들의 응답이다"라고 하였습니다(『Principles of Christian Worship』, New York: Oxford University Press, 1957).

휘튼대학 예배신학 교수인 로버트 웨버(Robert Webber)는 예배를 "하나님과 그의 백성의 만남이다"라고 했습니다. 이 만남에서 하나님은 그의 백성에게 임재하시어 찬양과 감사에 응답합니다. 그러므로 예배를 통해 예배자는 삶의 목적과 의미를 주는 하나님과의 만남을 가지며, 이 만남에서 예배자는 어두워져 가는 세상에서 새로운 삶의 소망과 용기와 능력을 얻게 됩니다.

그러므로 예배는 예배자를 찾으시는 하나님의 부르심에의 응답이자, 그리스도인으로서 창조주 하나님 앞에 나아와 그에게 무릎을 꿇고 경배하는 최고의 당연한 행위이며, 하나님을 만나는 행동입니다. 이러한 예배는 곧 교회 내의 공적인 예배에서 출발하여 그리스도인의 전 삶의 봉사로서 실제 생활 속에서의 섬김의 삶까지 나타나야 합니다(롬 12:1). 즉, 예배는 기독교적인 신앙과 삶의 총체적 표현이라고 할 수 있습니다(정일웅, 2002).

결국 기독교 예배는 장애의 유무를 떠나 그리스도인의 삶에 있어서 가장 중요한 요소이자 '그리스도

인 여부'를 가늠하는 척도가 됩니다.

2. 예배의 의미

1) 구약성경에서의 예배

구약성경 속에서 예배를 나타내는 표현으로 두 단어를 찾을 수 있습니다.

첫 번째는 '아바드(עבד)'라는 히브리어입니다. 그 뜻은 '섬김' 또는 '봉사'로 나타낼 수 있으며, '밭을 간다', '노동한다', '이웃을 섬긴다'라는 말과도 그 뜻이 동일합니다. 영어에서 예배를 Service라고 표현하는 경우 그 유래를 바로 이 아바드에서 찾을 수 있습니다. 히브리 전통에서는 하나님 앞에 나아갈 때에 자신들을 스스로 종이라고 불렀습니다(시 89:3,20; 105:42; 116:16). 히브리인들은 예배는 하나님을 경배하는 것만이 아니라 그들의 전 생애를 통해 하나님을 섬기는 삶이라고 생각했습니다.

두 번째는 '샤하(שׁחה)'라는 표현입니다. 그 뜻은 '굴복하는 것' 또는 '자신을 엎드리는 것'으로서 숭배, 순종, 봉사의 종교적인 의미를 가지고 있습니다. 이것은 예배를 드리는 사람들이 마음과 몸을 가지고 최대한으로 존경하는 태도를 보이는 것을 의미합니다. 이 표현은 '머리를 숙여 경배했다' 또는 '엎드려 경배했다'라는 구약의 표현과 연결됩니다.

이처럼 구약성경에서의 예배에 대한 대표적인 두 가지 의미는 모든 인간이 하나님 앞에서 자신을 낮추고, 하나님의 뜻을 따르며 섬겨야 할 존재라는 사실과 경배와 순종의 생활이 예배자들의 주요한 삶의 근본이 되어졌다는 사실을 나타냅니다.

2) 신약성경에서의 예배

신약성경 속에서도 우리가 오늘날 사용하는 예배라는 표현을 쉽게 찾을 수 있습니다.

첫 번째는 마태복음 4장 10절에 나오는 '프로스퀴네오($προσκυνέω$)'입니다. 이 표현은 약 60회 정도 사용되었는데 그 가운데 20회 정도는 요한계시록에 기록되었습니다. '프로스퀴네오'는 히브리어의 '샤하'가 70인 역에서 헬라어로 번역된 단어로 신약성경에는 대부분 예배라고 번역되었습니다(마 2:2; 4:9; 9:18). 이 단어는 '프로스' 즉, '향하다'는 의미와 '입을 맞추다'라는 뜻인 '퀴네오'의 합성어입니다. 그 단어적인 의미는 '그에게 입 맞추다', '손에 입 맞추다', '엎드리다', '절하다'이며, 존경하는 마음을 나타내는 '숭상하다'라는 뜻을 지니고 있습니다. 야곱의 우물가에서 예수님께서 사마리아 여인과 대화하실 때에도 '프로스퀴네오'라는 단어를 사용하셨습니다(요 4:24).

두 번째는 '라트레이아($λατρεία$)'입니다. 이 표현은 '섬긴다'라는 뜻으로 광범위하게 사용되는 단어입니다. 원래의 뜻은 하인이 주인을 섬기는 행위입니다(눅 2:37). 이러한 의미가 예배에 적용되면서 하나님을 섬긴다는 뜻을 가지게 되었습니다(계 7:15). 바울은 로마서 12장 1절에서 이 단어를 사용하였는데 우리 성경은 '영적 예배'로 번역하였습니다. 이 단어가 담고 있는 의미는 종으로서 자신의 주인만을 섬겨야 할 신분을 확인시키는 일인데 이것은 예배와 동일한 의미를 지니고 있습니다.

세 번째는 '레이투르기아($λειτουργία$)' 입니다. 이 표현은 기독교 성례전 의식이나 그 밖에 특수한 의식을 지칭할 때 사용되었으며, 그리스도인들이 믿음과 순종으로 하나님께 바치는 봉사의 의미로 뚜렷하게 나타났습니다. 에바브로디도가 바울을 섬기고(빌 2:30), 후한 연보를 예루살렘 교회에 보내어 섬기는 일을 기록할 때 사용되었습니다. 그리고 이 말은 제사장의 직무(눅 1:23), 그리스도인의 직분(히 8:6), 교회의 예배(행 13:2)등을 나타내는 구체적인 단어로 사용되었습니다.

마지막 네 번째로 영어의 'Worship' 이라는 표현은 사실상 우리의 '예배'란 말입니다. 원래 Worship이란 단어는 앵글로색슨어인 'Worthship'에서 나온 말로 가치(Worth)라는 말과 신분(Ship)이라는 말의 뜻을 가진 합성어입니다. 이 단어의 뜻은 '존경과 존귀를 받을 가치가 있는 자' 입니다. 우리는 누군가 소중하고 중요한 대상을 생각할 때 우리의 사랑을 표현하는 일들을 하게 됩니다. 그때 우리는 감사와 칭찬의 말을 사용하거나 선물을 하는 등의 구체적인 방법으로 관심을 나타냅니다. 이 말을 좀 더 구체적으로 표현해보면 '하나님께 최상의 가치를 돌리는 것(to ascribe Him supreme worth)' 이란 뜻입니다. 시편 기자는 '여호와의 이름에 합당한 영광을 돌리며 거룩한 옷을 입고 여호와께 경배할지어다(시 29:2)' 라고 하였고, 계시록에 '죽임을 당하신 어린 양은 능력과 부와 지혜와 힘과 존귀와 영광과 찬송을 받으시기에 합당하도다(계 5:12)' 라는 표현 등이 모두 이러한 뜻을 가지고 있습니다. 이것은 안셀름(Saint Anselm of Canterbury)이 '하나님 이상의 가치 있는 분을 생각할 수 없다' 라고 말한 데서 더욱 실감할 수 있습니다.

3. 예배의 본질

예배 없이 기독교는 존재하지 않는다고 할 만큼 기독교에 있어서 예배는 중요합니다. 예배는 기독교의 생명과 같은 신비로운 은혜의 사건입니다. 하나님은 언제나 예배 가운데 계셔서 인간을 만나시며, 대화하시며, 은혜와 자비를 베푸시기를 기뻐하십니다. 그러므로 예배는 그리스도인들에게 있어서 신앙의 생명을 공급받는 은혜의 샘과 같습니다.

이런 예배에 장애인이라는 이유 하나만으로 참여할 수 없다면 그것은 참으로 안타까운 일입니다. 분명 장애인도 하나님의 형상대로 지음 받은 존엄한 인격체임을 믿는다면 장애인도 당연히 예배에 참여할 수 있어야 합니다. 또한 이 땅 위에서 그리스도인다운 삶을 살 수 있도록 신앙훈련을 받아야 하는 것입니다. 따라서 예배의 경건성을 회복하며 장애인과 함께 건강한 예배를 인도하기 위해서는 예배 인도자들과 참여자들의 마음속 깊이 다음과 같은 예배에 대한 믿음이 자리잡아야 합니다.

첫째, 예배의 대상인 하나님은 영적인 존재라는 사실을 모든 예배자들이 마음속에 확신해야 합니다. 예배자들은 어느 경우에도 예배의 대상을 우상의 형태로 만들어 섬겨서는 안 되며, 외적인 형태로 하나님을 섬기려는 태도를 버려야 합니다. 예배는 하나님을 믿는 자의 깊은 마음에서부터 우러나오는 신앙의 필연적 표현이기 때문입니다. 그래서 예수님께서도 "네 마음을 다하고 목숨을 다하고 뜻을 다하여 주 너희 하나님을 사랑하라"(마 22:37)는 말씀을 하셨고, "예배는 하나님의 영 안에서 그리고 그 진리 안에서 드려져야 한다"라는 말씀을 주셨습니다.

둘째, 예배는 예수 그리스도 중심의 예배가 되어야 합니다. 예배 현장의 주역이나 역사 속의 어떤 인물일지라도 결코 예배의 구심점은 될 수 없습니다. 그들에게는 오직 예수 그리스도를 통하여 하나님을 섬기는 길만이 있을 뿐입니다. 하나님께 나아가는 길을 보여주신 예수 그리스도를 통하여 하나님을 우러러보고 그에게 경배와 감격과 찬양을 돌릴 때에만 예배로서의 가치를 형성하기 때문입니다.

셋째, 예배의 형태와 내용과 메시지는 성경을 바탕으로 해야 합니다. 종교개혁자 칼빈은 "하나님은 성경 가운데서 우리에게 그 자신에 관한 정확한 지식을 주신다"고 강조하면서 기독교의 전체적인 규범이 성경에 입각해야 함을 역설하였습니다. 그 이유로 "성경 그 자체가 역사를 주관하시는 하나님의 말씀이기 때문이다"라고 말하면서 "성경 없이는 탈선할 수밖에 없다"라는 명언을 남겼습니다.

현재 수많은 예배 인도자들의 모습 속에서 자신들이 가진 경험과 지식을 예배의 근거로 삼고, 예배자들을 자신과 동일한 세계로 이끌려고 하는 사례가 늘고 있습니다. 그러나 아무리 영적으로 충만한 인도자라도 결코 신적인 존재가 될 수 없다는 사실을 우리 모두가 유의하여야 합니다.

오직 성경에 근거하여 그 가르침 속에 머무는 예배만이 하나님을 기쁘시게 할 수 있으며, 살아계신 하나님을 올바르게 섬길 수 있음을 기억해야 합니다.

생각담금질

1. 장애인교회학교에서 드리는 예배의 의미에 대하여 생각해봅시다.
2. 장애인교회학교에서 본질에 충실한 예배를 드리기 위해 필요한 부분에 대하여 생각해봅시다.
3. 장애인교회학교의 담당교역자 및 교사가 예배를 위해 실천해야할 부분은 무엇인지 생각해봅시다.

- 예배를 구성하라
- 예배의 환경을 갖추라
- 예배를 세우라

제 2 편
준비에서부터 시작되는 예배

예배를 통하여 유일한 예배의 대상이신 창조주 하나님께 영광을 돌리는 것은 예배의 가장 중요한 목적입니다. 따라서 장애의 유무를 떠나 모든 사람들은 하나님께 찬양과 감사와 영광을 돌려야 합니다.

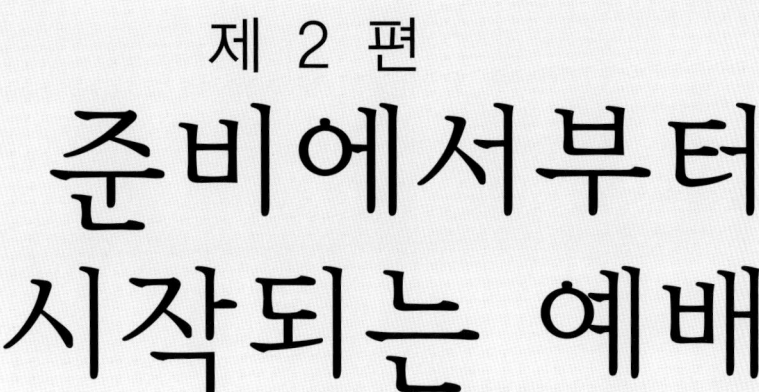

준비에서부터 시작되는 예배

1. 예배를 구성하라

장애인교회학교 예배에서 가장 중요한 것은 교회가 예배에 대해 추구하는 목적과 방향성이 명확해야 한다는 것입니다. 기본적으로 예배에 대한 정의가 있기는 하지만 교회마다 추구하는 방향이나 강조하는 모습이 조금씩 다를 수 있습니다. 어떤 교회는 성경 말씀을 중요하게 가르치고, 어떤 교회는 기도를 중요하게 가르칩니다. 장애인교회학교 예배에서도 본 교회의 예배에 대한 틀 안에서 장애인들의 특성을 고려하여 예배를 드리는 것이 바람직합니다. 왜냐하면 장애인 예배는 꼭 이렇게 해야 된다는 정형화된 틀과 룰이 있는 것은 아니기 때문입니다. 그러한 관점에서 장애인교회학교 예배의 목적과 방향을 명확하게 세우기 위해 구체적으로 준비해야 할 부분들에는 어떤 것들이 있는지 나누고자 합니다.

1) 찬양과 경배

예배를 통하여 유일한 예배의 대상이신 창조주 하나님께 영광을 돌리는 것은 예배의 가장 중요한 목적입니다. 따라서 장애의 유무를 떠나 모든 사람들은 하나님께 찬양과 감사와 영광을 돌려야 합니다.

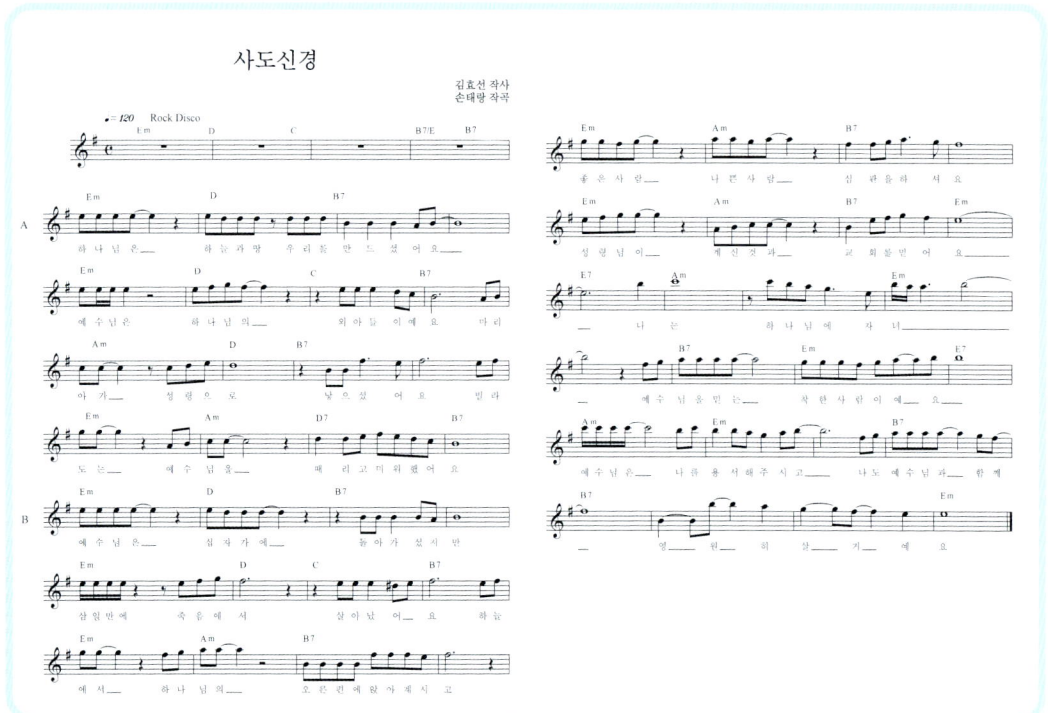

일상생활 속에서도 항상 하나님께 예배하는 마음으로 살아야 할 뿐만 아니라, 주일에 드리는 교회공동체에서의 예배를 통해서도 찬양과 경배를 하나님께 돌려야 합니다. 그러기 위해서 예배에 참여하는 모든 사람들은 예배를 시작할 때 하나님의 능력과 사랑에 대하여 선포하고 찬양해야 합니다.

또한 예배 중 함께 암송하는 사도신경과 주기도문을 발달장애인들의 눈높이에 맞게 쉽게 풀어 쓴 아래의 노래를 활용하면 보다 쉽게 기독교의 핵심교리를 가르치는 동시에 예배에 집중할 수 있게 됩니다. 함께 수록된 십계명 노래도 함께 사용하면 신앙교육뿐만 아니라 찬양을 통해 숫자 개념까지 가르칠 수 있습니다.

※ 상기 발달장애인을 위한 사도신경, 주기도문, 십계명 찬양은 미국 California State University, Los Angeles 특수교육학과 교수인 김효선 교수가 작사한 것입니다(부록 참고).

2) 회개

하나님을 예배하는 모든 사람들은 자신의 삶을 되돌아보며 예배 시간에 하나님의 말씀을 통하여 자신의 죄를 고백해야 합니다. 그리고 예수님 안에서 죄 용서를 받음으로써 구원의 기쁨을 누리며 하나님의 은혜의 보좌로 나아가야 합니다. 발달장애인의 경우 교사나 혹은 봉사자가 함께 회개기도를 드림으로 예배에 참여할 수 있도록 합니다.

3) 하나님의 은혜
예배는 하나님께 우리 자신을 드리는 시간이면서, 하나님께서 베푸시는 은혜를 받는 시간입니다. 그래서 예배를 '드린다', '본다'는 말보다 예배를 '한다'는 표현이 가장 적합합니다. 왜냐하면 하나님의 은혜는 예배의 모든 순서 가운데 임재하시기 때문입니다.

4) 헌신과 순종
예배에 참여하는 사람들은 하나님께서 주시는 은혜를 기억하고 헌신해야 합니다. 예배 자체가 헌신을 뜻하며 특별히 헌금순서가 헌신을 나타냅니다. 설교 후에는 설교를 통해 주신 말씀에 대해서 다함께 기도함으로써 헌신과 순종을 다짐하며 약속하는 시간이 포함되어야 합니다.

생각담금질

1. 장애인교회학교 예배를 디자인하기 위해 최우선적으로 고려해야 할 부분에 대하여 생각해봅시다.
2. 장애인교회학교 예배 가운데 찬양과 경배가 차지하는 부분에 대하여 생각해봅시다.
3. 장애인교회학교 예배 요소 가운데 헌신과 순종에 대하여 생각해봅시다.

2. 예배의 환경을 갖추라

1) 예배 공간 디자인

장애인 부서의 신설 및 운영에 대한 자문을 요청받다 보면 장애인교회학교 예배는 독립적인 예배공간이 필요하다고 생각하는 분들이 적지 않습니다. 그로 인해 장애인 부서 예배를 시작하는 데 어려움을 겪습니다. 그런데 장애인교회학교뿐만 아니라 대부분의 비장애인교회학교의 경우에도 독립적인 예배 공간을 갖지 못한 교회가 많습니다. 이런 현실 속에서 장애인교회학교가 독립적인 예배 공간을 갖기란 쉽지 않습니다. 따라서 현재 개 교회의 예배실 공간 활용도에 따라 시간이나 요일을 나누어 (예-토요일 오후 예배) 각 부서가 효율적으로 예배드릴 수 있는 대안을 찾는다면 다소 부족하더라도 장애인교회학교 예배 공간을 마련할 수 있을 것입니다.

2) 예배 회중석 조성

장애인교회학교 학생들은 대부분 활동적이기 때문에 정적인 태도를 요구하는 예배를 쉽게 수용하지 못합니다. 때문에 예배에 필요한 최소한의 질서를 만들기 위해서 물리적 환경을 조성할 필요가 있습니다. 예를 들어 공과공부와 다양한 만들기, 그림 그리기 등 학습활동을 할 뿐만 아니라 간식을 먹을 때도 책상과 의자는 없는 것보다 있는 것이 훨씬 유용합니다. 따라서 예배와 공과시간에는 회중석의 책상과 의자가 필요합니다. 특히 접이식이라면 예배 공간 활용면에서 좋습니다.

하지만 앞서 언급한 장애인교회학교 학생들의 활동성을 감안한다면 책상과 의자는 없는 것이 좋습니다. 예배시간 외에 연결활동처럼 학생들이 뛰고 춤추고 다양한 소그룹활동을 하려면 별도의 공간이 필요합니다. 때문에 연결활동을 감안하면 책상과 의자는 없는 것이 좋습니다.

이렇게 예배와 공과시간에는 책상과 의자가 필요하고 연결활동을 위해서는 책상과 의자가 불필요한 양면적인 필요를 모두 충족시키려다보니 접이식 책상과 의자를 생각하게 되었습니다. 앞으로 장애인교회학교의 예배실 환경을 개선하려는 계획을 갖고 있는 교회는 이 점을 유의하시면 좋을 것 같습니다.

3) 방송, 음향, 영상 시설 세팅

장애인교회학교 학생들은 비장애학생들보다 집중력과 인지력이 약하기 때문에 시청각교재들을 충분히 활용해야 합니다. 때문에 대부분의 장애인교회학교 현장에서는 교회 내의 다른 교회학교보다 시청각 교재들을 다양하고 폭넓게 사용하고 있습니다. 그런데 이러한 시청각교재를 효과적으로 사용하기 위해서는 방송, 음향, 영상시설 등 환경이 갖추어져 있어야 합니다.

(1) 영상장비

비디오 상영이나 찬양 자막을 비롯한 프리젠테이션을 할 수 있는 영상장비가 필요합니다. 여기에는 영상을 확대하여 출력하는 빔 프로젝터와 컴퓨터, 스크린, DVD 및 비디오 플레이어, 대형 텔레비전 등이 있습니다.

(2) 자석칠판

장애인교회학교에서 이루어지는 설교 가운데 하나는 그림 설교입니다. 이 경우 자석이 붙는 화이트보드를 예배실 전면에 부착시켜 놓고 사용하거나, 이동식 화이트보드를 구비하여 사용합니다.

① 전동스크린

빔 프로젝터를 사용하기 위해서는 이를 반사해주는 스크린이 필요한데 가능하다면 예배실 전면에 전동식 스크린을 설치하는 것이 좋습니다. 예배 중 영상을 관람한 후 예배 인도자 혹은 진행 도우미가 손으로 스크린을 올리지 않고도 간단한 조작만으로 스크린을 올릴 수 있기 때문입니다. 따라서 예배 흐름의 단절을 방지할 수 있고 학생들이 예배에 좀더 집중할 수 있습니다.

② 컴퓨터와 비디오 / DVD 플레이어

빔 프로젝터가 스크린에 영상을 출력하는 장치라면 빔 프로젝터가 출력할 내용을 입력하는 장치도 필요합니다. 그것이 컴퓨터와 비디오, DVD 플레이어입니다. 매체의 형태에 따라서 재생을 달리하기 때문에 컴퓨터와 비디오, DVD 플레이어 모두 필요합니다. 컴퓨터는 가능한 인터넷을 연결하여 사용할 수 있도록 조치합니다.

(3) 음향장비

예배에 있어서(앰프, 믹서, 스피커, 콘트롤러, 오디오, 유·무선 마이크 등) 음향장비는 없어서는 안 될 요소입니다. 특히 장애인교회학교 학생들은 소리에 민감하기 때문에 스피커에서 잡음이 들리거나 울림현상이 일어나는 경우 부적응 행동을 보입니다. 따라서 용량과 음질이 우수한 제품을 선택하여 설치하는 것이 장기적으로 좋습니다. 또한 제품을 구입할 때는 제품의 호환성과 적응성을 잘 고려하여 제품 간에 생기는 마찰이나 부적응현상을 최소화하는 것이 좋습니다. 주의해야 할 것은 일반 PA앰프는 소리의 명료도가 떨어지기 때문에 주의해서 사용해야 합니다. 따라서 가능한 사람 목소리에 맞게 주파수 특성을 살려 음을 명료하게 증폭시키는 교수학습용 전문음향기기를 사용할 필요가 있습니다. 무선 마이크는 장애인교회학교 예배 인도자의 동선을 넓게 확보해 주기 때문에 반드시 필요합니다. 무선 핀 마이크는 설교자가 두 손을 자유롭게 설교할 수 있기 때문에 필요합니다.

(4) 디지털 캠코더

가능하면 장애인교회학교 예배는 캠코더로 녹화해 두는 것이 좋습니다. 이것은 장애인교회학교의 역사를 기록한다는 목적 외에도 장애인교회학교를 개 교회 안에서 홍보하기 위함입니다. 또한 예배에 대한 피드백 자료로 활용할 수 있습니다.

4) 보조시설

(1) 사무실

예배실 옆에 조그만 사무실을 마련하면 좋습니다. 여기에 컴퓨터와 행정서류 외에 각종 부서 용품들을 비치하여 교사 및 봉사자들이 수시로 이용할 수 있도록 합니다.

(2) 방송실

앞서 언급한 각종 방송, 음향, 영상 기기들이 모여 있는 곳으로 예배실 뒷면에 위치하는 것이 일반적이며, 가능하면 외부에서는 방송실 내부를 들여다보지 못하도록 하고, 방송실 내부에서는 외부를 볼 수 있도록 하여 예배상황에 따른 적절한 기기조작이 가능하게 합니다.

(3) 화장실

화장실은 물론 일반 화장실이 아니라 장애인용 화장실입니다. 화장실에는 순간 전기온수기를 부착하여 예배 도중에 대소변을 가리지 못하는 학생들을 씻기는 용도로 사용합니다.

(4) 설교자료함

예배에 사용되는 그림 자료와 설교제목 등을 한군데로 모아서 보관합니다. 이 그림 자료들은 양이 많아지면 적절한 범주로 구분하여 보관할 수 있습니다. 이를 위해서 설교자료함은 서랍식 붙박이장으로 제작하는 것이 좋습니다.

(5) 간식 준비 조리공간

예배실 옆에 간식을 준비할 수 있는 조그마한 조리공간을 마련합니다. 이 공간은 매주일 학생들에게 나누어 줄 간식을 준비하고 조리하는 곳입니다. 학생들의 경우 과자와 같은 인스턴트 음식을 많이 먹기 때문에 되도록 떡볶이와 같이 조리된 음식을 제공해야 합니다. 따라서 조리공간이 필요합니다.

(6) 냉난방

예배실은 학생들이 민감하게 느끼는 체감온도를 적절하게 맞출 수 있어야 합니다. 교회의 냉난방 시설이 중앙제어식일 경우 가능한 에어컨을 별도로 마련하여 중앙냉난방이 안 되는 5월에도 냉방을 할 수 있도록 합니다.

(7) 놀이실

예배시간보다 미리 온 학생들은 놀이실에서 담당교사의 보호 아래 있다가 예배시간에 들어오게 합니다. 또한 놀이실은 교사들 모임, 학부모 상담, 학부모 모임 등의 프로그램이 있을 경우 학생들을 보호하는 장소로 활용하기 때문에 가능한 갖추는 것이 좋습니다.

(8) 타임아웃실

학생이 예배에 집중하지 못하고 교사 및 봉사자의 지시에 안 따르는 경우 격리와 교육을 목적으로 사용하는 공간입니다. 가능한 마련하는 것이 좋습니다.

생각담금질

1. 장애인교회학교의 예배 환경에 있어서 가장 중요한 부분이 무엇인지 생각해봅시다.

2. 예배실에 책상과 의자가 있는 착식과 바닥에 앉는 좌식 중 어느 것이 우리 교회 학생들에게 더 효과적인지 생각해봅시다.

3. 빔 프로젝터 등 시청각 교육기자재가 우리교회에서는 어떻게 활용되는지 살펴봅시다.

3. 예배를 세우라

많은 장애인 사역자들이 장애인교회학교의 통합예배에 깊은 관심을 갖고 있습니다. 일반적으로 통합예배란 장애인이건 비장애인이건 구분을 두지 않고 나이와 학년에 맞추어 다함께 참여하는 예배를 이야기합니다. 하지만, 모든 부서에서 장애인과 비장애인의 구분 없이 완전 통합을 이루어 예배하는 교회보다 그렇지 못한 교회가 많은 것이 현실입니다. 예를 들어 한 달에 1~2회 정도, 그것도 격주라는 제한을 두고 비장애인 부서와 장애인 부서가 통합해서 예배드리거나, 원하는 장애학생에 한하여 비장애인 부서의 예배에 일대일 담당교사와 함께 참여하도록 하는 부분통합 등입니다.

여기에서는 장애인교회학교 예배 모델과 사례를 소개하고자 합니다. 이를 통해 장애인교회학교 예배의 방향을 세우는 데 필요한 밑거름을 제공하고자 합니다.

1) 장애인교회학교 예배모델

(1) 예배 전 활동

가. 교사 기도회

예배 시작 30분 전 담당교역자의 인도로 '찬송 – 말씀 – 중보기도'가 이루어진 후 담당자들에 의해 '광고 – 공과설명 – 인사'로 진행됩니다.

나. 예배준비

① 부장 및 예배 인도자가 각자 맡은 일을 예배 전에 점검합니다.
  (예배순서의 변동, 특별찬양, 대표기도, 새 친구 혹은 새 교사 소개 등)
② 예배드리기에 알맞은 환경과 여건을 마련합니다.
  (이름표, 주보, 헌금주머니, 실내공기 및 온도, 책상 배치, 커튼 등)

다. 학생 맞이 지도

① 학생들이 교회에 오면 담임교사가 입구에서 학생들을 맞이하고 소지품을 확인합니다.
② 신발 벗고 올려놓기, 옷 벗고 걸어놓기, 소지품 챙기기 등을 반복하여 지도합니다.
③ 학생 부모에게 학생의 용변상태를 확인한 후 예배실로 맞아들입니다.
④ 학생이 자리에 앉으면 학생과 함께 기도하여 교회에 온 것을 알게 합니다.
⑤ 학생의 얼굴표정을 파악한 후 예배드리기에 알맞은 마음으로 준비시킵니다.
⑥ 학생이 지각하면 교회 사무실에서 집으로 연락을 취한 후 그 결과를 담당교역자 혹은 부장교사

에게 알립니다.
⑦ 신입학생이 들어올 경우 신입반 교사(특수교육 전공자)가 학부모와 상담한 후 신상기록부를 기록하여 교역자와 면담한 후 자료를 서기에게 넘기고 신입반에 배정합니다.

(2) 예배 중 활동
가. 예배 시작 전 찬양
찬양은 10분 정도 찬양팀 인도로 이루어집니다.

나. 신앙고백
① 방법 : 예배인도자의 말을 따라합니다.
② 내용 : "하나님! / 우리의 / 예배를 / 받아주세요. / 하나님, 사랑해요! / 아멘!"

다. 율동
율동은 동작을 크고 정확하게 하되 쉽게 따라갈 수 있도록 합니다. 교사는 학생이 참여할 수 있을 정도의 선을 구분하여 도와줍니다.

라. 기도
교사가 대표로 기도합니다. 교사는 기도를 천천히, 간결하고 분명하게 합니다.

마. 특송

바. 설교
① 설교시간
어린이 및 청소년반 5~10분, 청장년반 10~20분을 기본으로 하되 목적과 여건에 따라 시간을 늘릴 수 있습니다.
② 설교구성
 - 개념화교육 (애니메이션, 슬라이드, 비디오, 인형극, 연극 등)
 - 그림자료를 비롯한 시청각 설교
 - 애니메이션 반복 상영
③ 설교내용 : 1년 동안 하나의 주제(예: 구원, 부활 등)를 연 2회 반복하여 교육합니다.
④ 설교방법

- 그림설교 : 등장인물이나 사물의 그림을 미리 그려두었다가 제시하며 설교합니다.
- 약화설교 : 재미 있는 그림을 현장에서 생동감 있게 직접 그리면서 설교합니다.
- 멀티미디어설교 : 파워포인트나 플래시 애니메이션 등을 사용하여 설교합니다.

⑤ 설교 시 주의사항
- 학생 수준에 맞게 내용과 사용하는 언어를 단순화시켜 전달합니다.
- 설교자는 내용에 맞는 표정 관리와 표준말을 사용하고 천천히, 그리고 쉬운 말과 정확한 발음을 구사하며 전달은 흥미롭게 하되 달란트 등의 강화제를 사용합니다.
- 설교는 집중력을 떨어뜨리지 않기 위하여 대화형식의 설교를 하는 것이 좋습니다.
- 강단 위에 주제 글씨를 부착하여 읽게 함으로써 그날의 주제를 강화시킵니다.
- 교사는 학생들이 설교에 집중할 수 있도록 여건을 만들고 최대한 돕습니다(책상 위에 아무것도 놓지 않음).
- 심하게 소리지르는 학생이 발생하여 예배가 방해될 경우 타임아웃실로 데리고 갑니다.
- 인도자의 요구에 모든 교사는 학생의 입장에서 똑같이 대답하여 인도자의 의도가 강화되도록 합니다.
- 학생들의 자리배치에 각별히 신경써야 합니다.

사. 성경암송

아. 예배찬양
 ① 설교 전 찬양
    그날의 날씨, 행사, 절기, 말씀과 연관된 곡 가운데 모든 학생들이 알고 있는 쉽고 흥미로운 찬양을 선택하여 부르되 예배에 대한 자신감을 심어주고 기대하는 마음을 갖게 하여 하나님 앞에 자신을 드릴 수 있도록 합니다.
 ② 설교 후 찬양
    그날의 설교 주제와 동일한 내용을 담고 있는 곡을 선택하여 찬송함으로써 설교 내용에 대하여 확신을 갖게 하고 결단을 유도합니다.
 ③ 헌금 찬양
    '우리 작은 정성 모아' 등의 헌금찬양을 부르면서 기쁨과 정성으로 헌금하게 합니다.
 ④ 폐회 찬양
    '예수님이 말씀해요' 등의 찬양을 불러 부활의 소망을 갖게 하고 예배가 마쳤음을 인식시켜 주는 것이 좋습니다.

⑤ 간식 찬양

'날마다 우리에게' 등의 곡을 들려주며 은혜를 베풀어주신 하나님을 기억하고 기도하는 시간을 갖도록 합니다.

⑥ 마치고 난 후 중보기도 때의 찬양

'할렐루야' 등의 곡을 들려주며 예배를 받으시고 은혜를 베풀어주신 하나님을 기억하고 기도하는 시간을 갖도록 합니다.

⑦ 절기예배 때의 찬양

절기의 의미를 이해할 수 있는 곡을 선택하여 부르는 것이 좋습니다.

자. 헌금

① 순서를 정하고 학생들 모두가 직접 헌금봉사를 할 수 있도록 하여 예배참여의 의미를 더욱 강화시켜줍니다.

② 학생이 스스로 헌금할 수 없는 경우에는 교사가 학생의 가방과 주머니를 확인하여 헌금하도록 도와줍니다.

③ 교사는 십일조, 감사헌금 등의 목적헌금에 대해 자세히 설명해 주고 학생들의 헌금상황을 주보에 게재하도록 합니다.

차. 축도

축도권이 없는 교역자가 지도할 경우 교회 내 목사를 초청하여 축도하는 것이 좋습니다.

(3) 예배 후 활동

가. 공과교육

① 학생의 특성을 이해하여 수준에 맞게 준비하고 교육하되 시청각자료를 적극 활용하도록 합니다.
② 공과를 할 수 없는 학생은 개념화공과 및 개별화자료로 공과를 대신합니다.
③ 공과는 가능하면 학생 스스로 할 수 있게 하며 교사는 도움이 꼭 필요할 때만 돕습니다.
④ 교사는 인내심을 갖고 격려하며 교육하도록 합니다.
⑤ 교사는 짧은 시간 내에 교육할 수 있도록 교재를 미리 준비합니다.
⑥ 학생이 지적 호기심을 갖도록 하고 동기를 유발시켜 쉽게 교육합니다.
⑦ 집중하는 학생 혹은 반목관계에 있는 학생을 위하여 자리배치에 신경 쓰도록 합니다.
⑧ 담임한 학생들의 일일기록부를 매주 작성하여 교육하는 데 참고합니다.
⑨ 교사는 학생들의 구원과 치유에 대한 기대와 확신을 갖고 사랑하는 마음으로 교육합니다.

⑩ 공과를 진행하면서 학생의 신앙고백 표현을 자세히 살핍니다.

나. 연결활동
① 연결활동은 소근육 발달과 두뇌발달에 좋은 영향을 주므로 가능한 학생 스스로 할 수 있도록 하고 꼭 필요한 부분만 교사가 돕습니다.
② 대부분의 학생들이 대근육보다 소근육 운동기능이 지체되어 있고 유연하지 못하므로 그리기와 공작을 원활히 할 수 없습니다. 따라서 잘 못하더라도 아낌없는 칭찬과 격려를 해주어 자신감을 갖도록 해야 합니다.
③ 연결활동은 학생에게 유익하고, 흥미로우며 쉬운 것이어야 합니다.
④ 연결활동은 담임교사가 집에서 준비해오되, 학생이 할 수 있는 부분은 남겨놓고 준비합니다.

다. 간식
① 대부분의 아동들이 먹을 것에 집착하므로 간식시간을 이용하여 예절을 가르칩니다.
② 정량을 먹게 하고 절제하도록 가르칩니다.
③ 학생들이 평소에 잘 먹지 않는 간식을 강하게 거부할 경우 강제로 먹이지 않습니다.
④ 간식을 담은 식기와 쓰레기는 학생 스스로 치우도록 교육합니다.

라. 대근육 활동
① 대근육 운동기능을 강화시키고 단체행동과 질서를 가르치는 데 유익합니다.
② 다양한 운동과 게임을 병행하여 실시하되 흥미롭고 누구나 할 수 있는 쉬운 것이어야 합니다.
③ 운동과 게임을 할 때 음악과 악기를 사용하여 분위기를 고조시키는 것도 좋습니다.

마. 인사 및 중보기도
① 경쾌한 음악에 맞추어 뛰어다니며 모든 친구들과 선생님들께 인사합니다. 이때 서로 껴안고 악수해도 좋습니다.
② 다함께 자리에 앉아 '할렐루야' 찬송을 부르며 예배를 받으신 하나님께 감사를 드립니다. 학생들과 학부모, 그 형제들을 위하여 간절히 기도합니다. 이때 특별한 어려움이 있는 학생과 가정 혹은 교사를 위하여 기도합니다.

바. 귀가지도
① 공과 및 연결활동의 작품과 함께 학생의 소지품을 챙겨줍니다. 공지사항을 꼭 전달해 줍니다.

② 예배 중 교육내용과 학생의 변화, 발전된 모습을 학부모에게 전해 줍니다.
③ 학생을 학부모에게 인계할 때 힘들었다는 표현과 표정은 삼가며 부정적 표현도 하지 않습니다.
④ 일일기록부를 작성하여 학생의 발달상황을 점검하며 교육자료로 삼습니다.

2) 장애인교회학교 예배 사례

가버나움교회

(1) 예배 전 활동
  가. 교사 기도회
   - 교사에게 간식을 제공하며 기도에 집중할 수 있도록 진행합니다.

  나. 예배준비
   - 찬양팀과 예배 진행 영상을 준비합니다.

  다. 학생맞이
   - 예배실 문밖에서 학생을 맞이합니다.
   - 학생 스스로 자기 자리에 신발정리를 하도록 지도합니다.
   - 화장실을 안내하며, 주보를 나눠주고, 자리를 배치하며 교사는 학생과 함께 기도합니다.

(2) 예배 중 활동
  가. 찬양
   - 찬양과 율동을 함께 배우며 찬양합니다.

  나. 신앙고백
   - 사도신경으로 신앙을 고백합니다.

  다. 성경봉독
   - 다같이 말씀을 봉독합니다.

라. 설교
  - 애니메이션 시청 후 시청각자료(파워포인트)를 활용하여 담당 교역자의 설교가 진행됩니다.

(3) 예배 후 활동
 가. 광고

 나. 새 친구 환영 및 환영찬양

 다. 공과교육
  - 교육계획에 따라 소그룹별(3~4명)로 인지 중심의 교육과 색칠하기 활동이 진행됩니다.

 라. 간식교제

 마. 귀가지도
  - 소그룹별로 귀가를 지도합니다.

(4) 기타 정보
 가. 예배실 내에 학생의 이름표가 부착된 대형 옷걸이와 신발장을 구비하여 학생들이 스스로 겉옷과 신발을 정리할 수 있도록 지도합니다.

갈보리교회

(1) 예배 전 활동
 가. 교사기도회
  - 예배 시작 50분 전부터 자유롭게 독립된 예배 공간에서 기도회를 진행합니다.
  - 교사기도회를 일찍 시작하여 짧게 마치는 이유는 예배 시간보다 일찍 오는 학생들을 맞이하기 위해서입니다.

나. 예배준비
- 예배에 참석하는 모든 학생들을 맞이합니다.
- 교사와 학생이 함께 준비하며, 학생이 주보를 직접 나누어줍니다.

다. 학생맞이
- 자유로운 가운데 협력하며 진행합니다.

(2) 예배 중 활동

가. 찬양
- 파워포인트를 이용하여 모두가 가사를 볼 수 있도록 하고, 교사와 학생이 앞에 나와서 자유롭게 찬양을 인도합니다.

나. 예배인도
- 지적 장애학생이 예배 사회를 맡아 진행함으로써 함께하는 예배를 세웁니다.

다. 기도
- 학생들로 하여금 순서를 정하여 대표기도를 진행합니다.

라. 특송
- 매 주일 한 반씩 돌아가면서 헌금찬양을 합니다.

마. 설교
- 그림 자료를 화이트보드에 붙여가면서 설교를 진행합니다.
- 설교 마지막에 애니메이션을 보여주어 설교 내용을 정리하는 시간을 갖습니다.

바. 헌금
- 학생들이 헌금위원으로 직접 참여합니다.

(3) 예배 후 활동

가. 공과교육

- 학생 한 명에 교사 1~2명이 함께 진행합니다.
- 다양한 연령층의 학생들이 함께 활동합니다.

나. 합심 기도
- 모든 예배의 마지막은 학생과 교사가 다함께 손을 잡고 원을 만들어 찬양으로 마무리합니다.

다. 귀가지도
- 교사가 보호자에게 학생을 직접 인계합니다.

(4) 기타 정보

가. 점자, 녹음 봉사회 운영
- 매주 점자, 녹음 봉사회 활동이 진행됩니다. 필요한 도서를 요청하면 책을 만들어 줍니다.

나. 매주 수화교실 운영

다. 교회 건물 뒤편에 작은 텃밭을 만들어 학생들과 함께 원예치료를 진행합니다.

남서울은혜교회

(1) 예배 전 활동

가. 교사기도회
- 다과와 함께 그날의 예배를 기도로 준비합니다.

나. 예배준비
- 예배에 참석하는 학생들에게 주보를 나누어주고, 명찰을 달아줍니다.

다. 학생맞이
- 교사 두 명이 예배실 입구에서 학생들을 맞이합니다. 따뜻한 포옹과 인사말도 함께 나눕니다.

(2) 예배 중 활동
　가. 찬양율동
　　- 정해진 찬양팀의 인도로 다함께 찬양합니다.

　나. 신앙고백
　　- 사도신경으로 신앙을 고백합니다.

　다. 기도
　　- 장애학생이 직접 예배를 위해서 대표로 기도합니다.

　라. 설교
　　- 파워포인트 자료를 활용한 설교를 진행합니다.
　　- 한장연에서 제작한 플래시 애니메이션을 활용하여 설교를 진행합니다.

　마. 헌금
　　- 장애학생이 직접 헌금위원으로 봉사할 수 있도록 교사가 도와줍니다.

(3) 예배 후 활동
　가. 공과교육
　　- 조별로 교육계획에 따라 활동을 진행합니다.

　나. 연결활동
　　- 교육계획에 따라 진행합니다.

　다. 대그룹모임
　　- 조별 모임을 진행합니다.

(4) 기타 정보
　가. 교회 내 장애인과 비장애인의 아름다운 통합을 강조하고 있습니다.

나. 시각, 지체 장애인들이 찬양, 악기 연주에 함께 동참합니다.

명성교회

(1) 예배 전 활동

　가. 교사기도회
　　- 담당교역자 인도로 진행하며 찬양과 간단한 메시지와 기도 순서로 진행됩니다.

　나. 학생맞이
　　- 교회 차량을 이용하는 학생과 부모님과 함께 오는 학생 모두 교사들이 각각 맞이합니다.

(2) 예배 중 활동

　가. 찬양
　　- 예배 시작 전에는 약 15분 정도 찬양팀 인도로 찬양을 드립니다.

　나. 신앙고백
　　- 사도신경으로 신앙을 고백합니다.

　다. 기도
　　- 장애학생과 교사가 함께 나가서 학생이 기도할 수 있도록 교사가 도와줍니다.

　라. 특송
　　- 장애학생으로 구성된 사랑부 찬양대에서 찬양을 드립니다.

　마. 설교
　　- 파워포인트를 활용하여 담당교역자가 설교합니다.

(3) 예배 후 활동

가. 공과교육
- 교육계획에 따라 사용하기도 합니다.

나. 연결활동
- 교육계획에 따라 진행합니다.

다. 간식
- 예배실 내에 구비된 간식준비실에서 간이 조리된 간식으로 교제를 나눕니다.

(4) 기타 정보
가. 사랑학교(월~토)가 매일 다른 프로그램으로 운영됩니다.

나. 장애가족 지원을 위한 사랑부모회가 운영됩니다.

다. 통합예배
- 주일 오전 9시 20분 사랑 1부는 학년별로 격주 통합예배를 드립니다.
- 주일 오전 11시 20분 사랑 2A부는 학년별로 1, 3주에 아동부와 통합예배를 드립니다.
- 주일 오전 11시 20분 사랑 2B부는 학년별로 2, 4주에 중고등부와 통합예배를 드립니다.
- 각 부서별 통합예배의 경우 학생의 동의가 있어야만 참여가 가능합니다.

연수제일교회

2005년부터 교회 내 모든 부서에서 장애인과 비장애인이 완전통합으로 예배드리고 있습니다. 장애아동은 유치부~아동 2부에서 약 25명이 통합예배를 드리고 있습니다. 또한 학생의 능력에 따라 분반 공부 시간에는 기존 장애 학생의 교사가 말씀을 가르칩니다.

(1) 통합예배 현황
가. 유치부, 유년부, 초등부, 소년부는 공과활동도 완전히 통합하여 진행합니다. 그러나 아동 2부

는 부분적으로 예배는 같이 드리고 분반활동은 장애아동에 맞는 공과를 가지고 선생님들과 말씀을 배우고 있습니다.

나. 장애학생이 새신자로 등록할 경우 곧바로 부서에 배정되는 것이 아니라 교회의 전반적인 흐름을 익히고 연령에 맞는 부서에서 잘 적응할 수 있도록 교육합니다.

다. 통합아동 가운데 성가대에 참여하는 아동들이 있습니다. 연습이 부족할 때에는 컴퓨터에서 찬양을 들을 수 있도록 제공합니다. 그러면 익숙해져서 주일에 비장애아동과 함께 찬양을 할 수 있습니다.

(2) 통합예배를 위한 관리

가. 장애아동과 비장애아동 교사 교육을 정기적으로 지원합니다(교사 대학 시 장애아동을 이해하기 위한 과목을 개설합니다).

나. 장애아동 부모 교육을 실시합니다(말씀, 공과내용, 찬양, 율동 등).

다. 타부서 지도자나 교사와의 간담회가 정기적으로 이루어져 문제 발견과 해결방법을 연구합니다.

(3) 통합이 잘 되는 프로그램

가. 찬양, 율동
- 찬양을 더 잘 외우거나 새로운 곡을 빨리 암기하고 장애학생이 성가대에 참석하므로 비장애학생들이 더욱 적극적으로 참여하게 됩니다.

나. 기도
- 비장애학생을 모방하여 장애 학생이 기도합니다. 글을 읽을 수 있는 학생들은 직접 예배 시간에 대표 기도를 할 수 있게 합니다.

다. 공과활동
- 분반활동 시 연결활동 및 성경책을 찾을 때 자연스럽게 도와가며 참여합니다.

라. 야외예배, 야외학습 시 교사보다 비장애학생이 적극적으로 장애학생에게 도움을 줍니다.

마. 겨울, 여름성경학교, 달란트 시장, 체육대회 등의 교회 행사에서 자연스럽게 모든 행사를 통합하여 진행합니다.

바. 장애학생과 비장애학생이 겨울방학 때 '우정동이' 라는 결연캠프를 통해서 더불어 살아가는 삶의 지혜를 경험하게 됩니다.

(4) 통합을 위한 제시

가. 통합예배를 준비하려면 장애학생 부서에서의 기본 예배순서와 내용을 곧바로 변화하려 하지 말아야 합니다. 통합예배의 본질적인 요소는 인간의 반응이 아닌 하나님의 부르심입니다. 따라서 장애로 인해 반응하는 방식이 다르더라도 예배에 참여하는 구성원을 고려해야 합니다. 이를 위해서 예배의 본질을 공유하고 예배의 형식을 조율하는 부서 지도자와 교사 간의 공동체적 합의가 필요합니다.

나. 통합예배 시 문제는 공과내용 이해입니다. 이를 위해 가정지도와 부모 교육을 통해서 통합하는데 어려움이 없도록 장애학생 부서는 계속적인 지원과 관찰기록일지를 제출하도록 하여 점검하고 어려운 점을 돕습니다. 뿐만 아니라 통합 교사 교육과 회의를 통해 계속적으로 관계를 갖습니다. 이를 통해 바람직한 통합으로 나아갈 수 있습니다.

다. 통합예배를 하더라도 개인의 능력에 따라 어려움이 있을 경우 다시 장애학생 부서로 환원하였다가 통합을 준비하는 것이 바람직하다고 봅니다.

주사랑공동체교회

(1) 예배 전 활동

가. 예배준비
  - 아침 식사 후 특송을 준비하여 영유아 및 아동은 예배방으로 함께 이동합니다.

나. 학생맞이
　　- 공동체생활을 하고 있기 때문에 예배방으로 함께 이동합니다.

(2) 예배 중 활동
　가. 주일오전예배
　　- 성인들을 대상으로 예배를 진행합니다.

(3) 예배 후 활동
　　- 교사부족 등 여러 가지 어려움으로 장애 아동들은 인근 지역 교회 주일학교에서 예배를 드립니다.

(4) 기타 정보
　　- 장애로 버림받은 아동들과 함께 생활하는 장애인 공동체 가정입니다.

할렐루야교회

(1) 예배 전 활동
　가. 교사기도회
　　- 주중에 실시하여 시간적으로 여유 있는 기도모임을 진행합니다.

　나. 예배준비
　　- 5~6명의 찬양팀 인도로 찬양과 율동을 합니다.

　다. 학생맞이
　　- 4~6명의 교사들이 예배실 입구에서 학생들을 맞이합니다.

(2) 예배 중 활동
　가. 시작 찬양
　　- 9명 정도의 학생들이 앞에서 찬양을 하고, 5명 정도의 교사들이 악기 연주와 찬양을 함께 합니

다. 특히 장애학생들이 악기(드럼, 트럼펫, 북 등)를 함께 연주합니다.

나. 신앙고백
- 사도신경으로 신앙을 고백합니다.

다. 특송
- 장애학생 가운데서 찬양이나 악기연주(북, 트럼펫)를 합니다.

라. 헌금
- 장애학생이 교사와 함께 헌금위원으로 봉사하며, 헌금기도도 장애학생이 담당합니다.

마. 말씀봉독
- 장애학생이 앞에 나와서 말씀을 봉독합니다.

바. 성가대
- 9~10명의 장애학생으로 구성된 성가대가 찬양을 드립니다.

사. 설교
- 애니메이션을 시청한 후 담당 교역자의 설교가 진행됩니다.
- 파워포인트를 활용하여 설교합니다.

아. 기도
- 교사와 학생이 함께 통성으로 기도합니다.

자. 찬양

차. 헌금기도 및 축도

(3) 예배 후 활동
가. 공과교육

- 교사와 학생이 2:1, 1:1 또는 소그룹으로 예배장소에서 공과공부를 진행합니다.
- 교재는 교육계획에 따라 사용하기도 하고 안 하기도 합니다.
- 공과교육이 어려운 학생은 종이접기 등의 활동을 교사와 함께 진행합니다.

나. 간식시간

다. 귀가지도

(4) 기타 정보
　가. 예배실 안에 샤워시설이 완비된 화장실이 설치되어 있습니다.

　나. 예배 훈련이 잘 된 학생들은 비장애인 부서로 연결되어 예배드립니다.

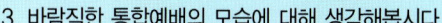

1. 우리 교회학교 예배가 하나님을 기쁘시게 하는 예배가 되기 위해 개선해야 할 것이 있는지 생각해 봅시다.

2. 장애인교회학교 학생들이 예배자가 되기 위해 필요한 자격과 의무는 무엇인지 생각해봅시다.

3. 바람직한 통합예배의 모습에 대해 생각해봅시다.

3) 장애인교회학교 예배 모습

• 예배 전 활동을 통해 준비된 장애인교회학교의 예배를 시작합시다.

예배 전 활동

〉 교사기도회
- 교사기도회를 통해 그날의 예배를 준비합니다.

〉 학생맞이 - 예배를 드리러 온 학생들을 맞이하여 그날 필요한 물품을 나눠주고 자리를 배치해 줍니다. 또한 교사는 학생과 함께 기도합니다.

• 예배 중 활동을 통해 진정한 예배자의 모습을 배웁시다.

예배 중 활동

〉 찬양, 신앙고백
- 예배의 순서에 따라 찬양을 드리며, 사도신경으로 신앙을 고백합니다.

》 기도, 설교
- 예배 순서에 따라 기도를 드립니다. 설교는 시청각자료를 활용하여 담당 교역자가 설교를 진행합니다.

》 헌금과 축도 – 헌금을 드린 후 축도를 합니다.

• 예배 후 활동을 통해 말씀을 더욱 구체적으로 공부하고 예배를 마무리합시다.

예배 후 활동

》 공과교육
- 소그룹별로 진행하며 공과교육을 통해 오늘 들은 설교말씀을 더욱 구체적으로 공부합니다.

》 예배 마무리, 귀가지도
- 학생과 교사가 다함께 손을 잡고 찬양으로 마무리하고, 교사가 보호자에게 학생을 직접 인계하므로 귀가시킵니다.

- 설교를 디자인하라
- 공과교육을 디자인하라
- 중보기도 모임을 디자인하라
- 연결활동을 디자인하라

제 3 편
다함께 세우는 예배

교육은 성장과 성숙을 목표로 합니다. 장애인교회학교에서의 교육도 마찬가지입니다. 예수 그리스도를 닮은 인격과 예수님처럼 살아가는 사람으로 성장하고 성숙하게 하는 것이 목적입니다. 공과교육 시간에 교사가 예수님의 인격과 사역을 가르치는 것과 학생들이 배운 것을 이해하고 실천하는 것이 서로 잘 조화될 때 앎이 삶으로 변화되는 아름다운 열매를 맺게 됩니다.

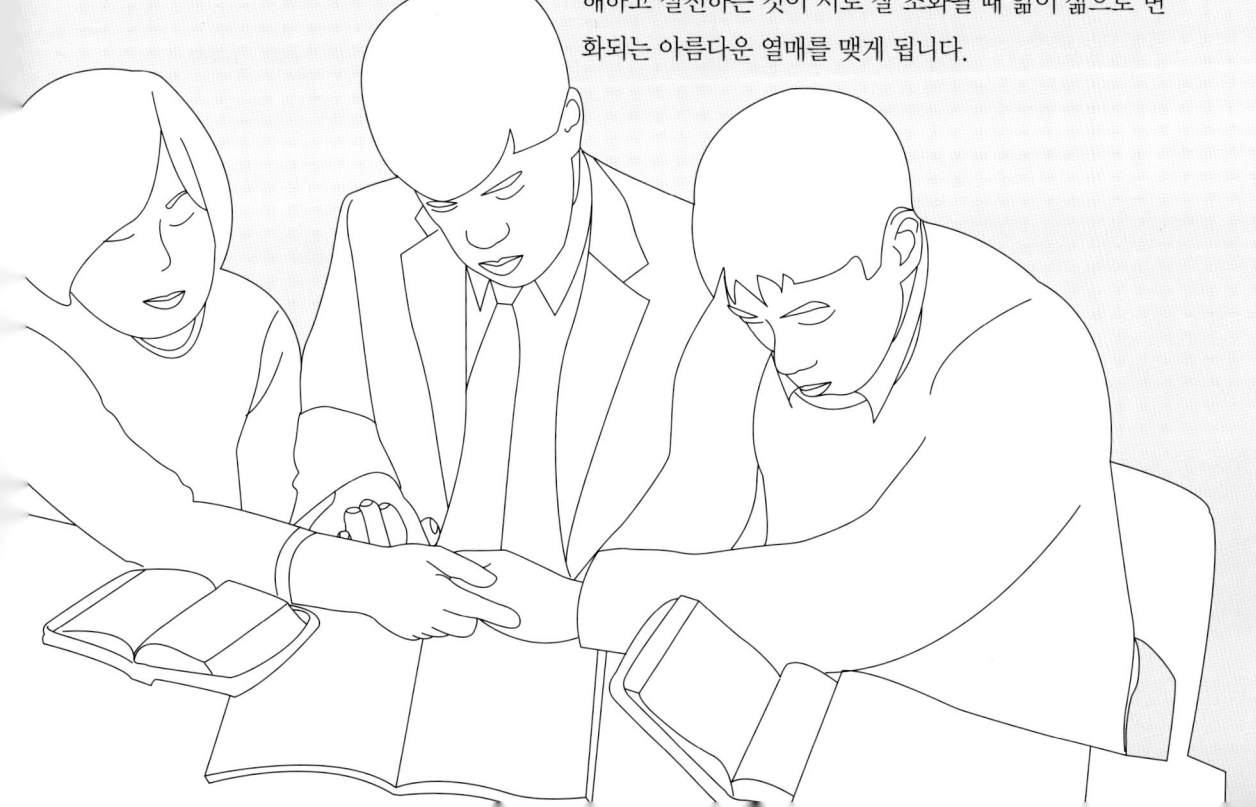

다함께 세우는 예배

1. 설교를 디자인하라

1) 기초와 목적을 세우라

설교는 하나님의 말씀에 기초를 두어야 하며 그 목적은 구원에 있습니다. 한편으로 설교의 목표는 순종이며 그 결과는 예수님의 제자가 되는 것입니다.

2) 내용을 구성하라

(1) 청중의 연령과 장애특성과 인지능력을 알아야 합니다. 왜냐하면 설교의 방식과 설교의 수준을 정하는 것은 그 대상에 대한 바른 이해에 기초하기 때문입니다. 대상에 대한 바른 이해가 설교를 성공으로 이끕니다.

(2) 가르치고자 하는 궁극적인 목적과 단기목표를 설정해야 합니다. 예를 들면 구원이나 순종이라는 개념은 한 번의 설교를 통하여 장애아동이 이해할 수 있는 개념이 아닙니다. 따라서 오랜 시간과 다양한 교육과정을 통하여 교육해나가야 합니다.

(3) 목표에 맞는 한 주제를 정하여 설교하십시오. 필수적으로 항상 가르쳐야 할 주제와 선택적인 주제를 구별합니다.
   가. 필수개념 : 하나님 나라, 예수님, 구원, 순종, 예배, 기도, 찬양, 설교 등
   나. 선택개념 : 절기, 역사, 전통, 관습 등

(4) 설교의 주제와 부합되는 찬양, 공과, 연결활동 등을 구상합니다.
   가. 설교주제 - '하나님이 말씀으로 풀과 꽃과 나무를 만드셨어요.'
   나. 찬양제목 - 포도밭에 포도가 〈하나님을 찬양해요 27장〉
   다. 공과제목 - 하나님이 말씀으로 풀과 꽃과 나무를 만드셨어요.
   라. 연결활동 - 모루도장찍기 〈풀과 꽃 모양 만들기〉

(5) 효과적인 설교를 위하여 흥미로운 설교방법을 구상해야 합니다.

가. 그림 자료 설교
- 설교자가 메시지 내용을 학생에게 이해하기 쉽게 전하고 또한 학생의 주의를 집중케 하기 위해 사용하는 방법으로서 그림을 설교판에 붙여가면서 메시지를 선포하는 방법입니다.

나. 약화설교
- 화이트보드, 도화지, 환등기, OHP, 타블렛 PC 등을 사용하여 마커펜이나 유성펜, 펜 마우스 등으로 요약된 그림을 직접 그리거나 보여주면서 메시지를 선포하는 방법입니다.

다. 멀티미디어 설교
- 파워포인트나 플래시 애니메이션 등으로 설교 내용을 제작하여 보여주면서 메시지를 선포하는 방법입니다.

라. 기타
- 그 외 구화설교, 실물설교 등의 방법도 있습니다.

3) 환경을 구성하라

(1) 화이트보드 설교판

자석식 흰 판이 좋으며 이 경우 자석을 부착한 그림을 편리하게 사용할 수 있습니다. 그리고 그림을 그릴 수 있으며 슬라이드나 영상자료를 바로 비추어 볼 수도 있습니다.

(2) 조명

설교, 찬양, 연극 등 연출자를 위한 조명으로서 청중의 주의를 집중시키는 데 효과가 있습니다. 따라서 혼란스럽지 않을 정도의 다양한 일반조명과 함께 설교자를 위한 특별조명(Spot Light)을 설치하고, 동영상 시청과 프리젠테이션을 위해 조명의 밝기 조절이 가능하도록 하는 것이 좋습니다.

(3) 마이크

설교자는 자유로운 손동작을 위하여 유·무선 마이크를 동시에 사용할 수 있도록 합니다. 가능하면 무지향성 무선 핀 마이크를 사용하는 것이 좋습니다.

(4) 영상

설교 주제에 대한 개념을 영화나 애니메이션 등의 시청각 자료를 사용하여 설교하기 전에 보여줍니다. 또한 설교자는 자신의 설교 내용과 자세 등에 대하여 피드백을 받을 수 있도록 녹화해 두는 것이 좋습니다.

4) 시청각자료를 활용하라

(1) 시청각설교의 이해
　가. 설교자가 설교 내용을 인간의 오감을 통하여 더욱 효과적으로 전달하는 교육방법이며 그 목적은 학습목표를 증대하기 위함입니다.
　나. 오감을 통하여 학습하는데 꼭 필요한 자료로 미디어를 사용하며 한 번에 하나 이상의 감각을 자극하는 것입니다.
　다. 각 개인마다 반응하는 것은 각기 다릅니다. 자료가 다양하여 흥미로운 만큼 잘 집중할 수 있어서 학습효과가 높습니다.

(2) 시청각설교의 효과
　가. 짧은 시간에 많은 것을 배울 수 있습니다.
　나. 시각과 청각을 자극하기 때문에 오랫동안 기억에 남습니다.
　다. 학습을 명백하게 해줍니다.
　라. 관심과 흥미를 유발하여 주의를 집중시키며 학습의욕을 증진시킵니다.
　마. 학습에 참여한 모든 학습자들에게 동시에 동일한 경험을 제공할 수 있습니다.
　바. 과거를 현실화할 수 있습니다.
　사. 학생들의 경험의 한계를 극복하게 합니다.
　아. 학습자는 감각을 통한 대리학습으로 추상화된 학습을 구체화할 수 있는 산 경험을 하게 됩니다.

(3) 시청각설교의 자료 유형
　가. 기본자료 – 실물, 그림 자료 등
　나. 보조자료 – 애니메이션, 영화, OHP, 슬라이드, 연극, 인형극, 드라마 등
　다. 유추적 주제 – 구원, 하나님 나라, 지옥, 천사, 심판 등 (애니메이션, 모빌, 슬라이드, OHP 등)
　라. 사실적 주제 – 치유 이적 : 연극, 영화

(4) 시청각설교의 유의사항
　가. 제작 시 유의사항
　　① 설교용 그림 자료를 제작할 때 전체 구도에 맞는 크기로 제작합니다.
　　② 시청각설교 자료는 실물과 동일한 색을 사용합니다.

나. 사용 시 주의사항

① 시청각 설교 자료는 설교의 주제를 잘 부각시킬 수 있어야 합니다.
② 설교 시 과다한 시청각 자료의 사용은 금하되 다양한 시청각 자료를 사용하는 것이 좋습니다.
③ 시청각 자료를 사용하기 전에 철저히 연습합니다.

5) 다양한 언어를 사용하라

(1) 음성언어

① 알아듣기 쉬운 말을 사용해야 합니다.
  - 정확한 말 (명확한 발음, 끝 어미의 확실성, 군소리 제거)
  - 쉽게 풀어주는 말 (쉬운 문장, 쉬운 단어, 성경내용을 쉽게 전달)
  - 표준어 사용 (은어와 유행어를 피할 것, 사투리를 사용하지 말 것)
② 듣기에 아름다운 말을 사용해야 합니다.
  - 고운 목소리, 품위 있는 말, 애정이 담긴 말을 사용할 것
③ 듣기에 인상적인 말을 사용해야 합니다.
  - 운율적 표현을 할 것, 말에 악센트를 주어 사용할 것, 대화체의 말을 사용할 것

(2) 행동언어

제스처, 태도, 얼굴, 표정 등을 가리킵니다. 얼굴 표정으로는 눈의 움직임, 눈썹 치켜올리기, 오므린 입도 포함되며 몸 전체의 태도나 자세의 변화 등이 모두 행동언어에 속합니다. 행동언어는 의사소통에 있어서 중요한 비중을 차지하며, 흥미를 유발하고 집중력을 높입니다. 움직이는 사물이 정지한 상태에 있는 사물보다 사람들의 눈길을 더 많이 끄는 것과 같은 이치입니다. 청중은 설교자의 적절한 행동언어를 통해 설교자와 동일한 정서를 공유하며 일체감을 갖습니다. 청중은 설교자의 자세의 변화나 태도 등을 통하여 희로애락의 감정을 읽을 수 있기 때문입니다.

(3) 기호언어

글씨, 숫자, 장식 표시 등을 말합니다.

(4) 접촉언어

입맞춤, 포옹, 악수 등 신체적인 밀착상태로 기쁜 마음을 표현할 수 있습니다.

6) 전달효과를 높여라

(1) 언어연출
  가. 내용에 따른 강조 – 하나님! 빵을 주셔서 감사합니다!(하나님, 빵, 감사–강조)
  나. 띄어서 말하기 – 하나님/빵을 주셔서/감사합니다!(하나님–빵–감사합니다–띄움)
  다. 다양한 목소리 구사 – 하나님, 남녀, 어린이, 노인 등

(2) 행동연출
  가. 몸가짐
    ① 단정한 옷차림을 해야합니다.
    ② 부정적인 언어 습관을 고쳐야 합니다.

  나. 눈의 위치
    눈은 마음의 창이라고 합니다. 마음에 있는 여러 가지 생각과 감정의 흐름이 눈에 나타나기 때문입니다. 따라서 눈은 상대방에게 호감을 주며, 눈으로 무언의 대화를 나눌 수 있습니다. 따라서 눈의 위치는 설교자에게 있어 매우 중요합니다.
    ① 일반적일 때 : 전체를 살펴볼 수 있도록 하는 것이 좋습니다.
    ② 상황에 따른 묘사를 할 때 : 이처럼 눈이 소리 없는 언어로 사용될 때에도 많은 효과를 나타냅니다. 눈을 아래로 내리거나 먼 곳을 응시하는 등 상황에 따른 다양한 감정과 느낌을 눈의 모양과 위치에 담아내도록 합니다.

  다. 입모습
    내용을 전달할 때 중요하게 사용되는 부분입니다.

  라. 동작
    ① 특별한 손짓과 몸짓은 내용에 적합한 동작을 연출해주며 의미를 더합니다.
    ② 동작은 자연스런 것이 좋습니다.
    ③ 내용에 적합한 동작 : 꼭 필요한 동작은 내용을 좀더 효과적으로 전달할 수 있습니다. 따라서 좋은 내용을 위한 동작은 사실에 가깝게 묘사하는 것이 좋습니다.

7) 설교 십계명

① 설교 시간은 대개의 경우 어린이 10분 내외, 청장년 20분 내외이지만 학생의 상태와 반응에 유의하며 탄력적으로 운용합니다.
② 설교자는 가능한 한 가지 주제를 전달하는 것이 좋습니다.
③ 설교자는 말의 전달방법에 주의합니다.
④ 설교는 재미와 의미가 있어야 합니다.
⑤ 설교의 내용은 구체적이어야 합니다.
⑥ 설교자는 중요한 내용을 반복하여 강조합니다.
⑦ 설교자는 원고를 보지 않고 설교해야 합니다.
⑧ 설교자는 다양한 시청각 자료를 사용합니다.
⑨ 설교자는 적용을 통하여 삶의 변화를 기대해야 합니다.
⑩ 설교의 결론은 항상 그리스도가 중심입니다.

생각담금질

1. 우리교회 예배에서 목적에 맞는 설교 시간은 어느 정도가 적당한지 생각해봅시다.

2. 우리교회 학생들의 수준에 맞는 설교의 내용과 그 구성에 대해 생각해봅시다.

3. 우리교회 학생들에게 적절한 시청각 설교 자료에는 무엇이 있는지 생각해봅시다.

2. 공과교육을 디자인하라

교회학교는 대부분 1부 예배에 이어 2부 순서로 공과교육을 진행합니다. 그런데 공과교재가 다루고 있는 내용을 효과적으로 다루려면 적어도 20분 이상의 시간이 필요하지만, 실제로 공과교육에 집중할 수 있는 시간은 보통 10분 내외입니다.

따라서 그 짧은 시간에 이해능력이 부족한 장애학생들에게 하나님의 말씀을 바르게 교육하여 학생들의 삶을 변화시키기 위해서는 다음의 공과교육 방법을 실천해야 합니다.

1) 목적을 분명하게

공과교육의 목적은 하나님의 말씀을 학생 각 개인의 수준에 맞게 가르치기 위함입니다. 더 나아가서 학생들이 배운 말씀을 앎에서 삶으로 적용하기 위함입니다.

앎에서 삶으로의 변화라는 것은 몰랐던 것을 알게 되는 지식의 변화와, 하나님의 뜻에 어긋나는 삶을 성경을 통해 바로잡는 것까지 포함하게 됩니다. 또한 하나님의 뜻을 알게 됨으로써 하나님께 감사하고 하나님을 기뻐하게 됩니다. 그리고 하나님을 기쁘시게 하는 삶을 살고자 소원하는 마음을 갖게 됩니다. 이전에는 하나님에 대해 무관심하고 자기 마음대로 살았지만, 이제는 하나님을 사랑하고 하나님이 원하시는 일에 관심을 갖는 변화를 의미합니다. 그 다음으로 하나님의 뜻을 알고 그것에 동의할 뿐만 아니라 하나님의 뜻에 순종하기로 결단하는 것을 가리킵니다. 하나님의 말씀을 자신의 삶에 적용하는 과정을 통하여 의지적인 변화가 일어납니다. 마지막으로 자신의 생각과 말을 하나님이 기뻐하시는 뜻에 따라 바꾸어 나갑니다. 그래서 행동이 변화됩니다.

다시 말하면 공과교육의 궁극적인 목적은 '지정의(知情意)'의 바람직한 변화입니다. 그리고 이러한 변화를 통해 하나님께서 원하시고 기뻐하시는 삶을 살도록 돕는 것입니다.

2) 공과교육의 실제

설교는 이미 예수 그리스도를 영접한 사람과 그렇지 못한 사람을 대상으로 이루어짐으로 보다 정서적인 접근이 강조되는 반면, 공과교육은 구원의 복음이나 믿는 자의 삶에 대해서 가르침으로써 학생들의 동의를 끌어내는 것을 목적으로 합니다. 또 나아가 그들이 배운 것을 구체적으로 그들의 삶에 적용하고 고백하며 간증할 수 있도록 지도하는 책임이 공과교육을 담당하는 교사에게 있습니다.

예배는 모든 사람들이 참여합니다. 그래서 예배하는 시간에는 소수의 사람들(인도자나 설교자)만이 전체를 상대로 이야기할 수 있고, 나머지 사람들은 그 말을 수동적으로 듣게 됩니다. 때문에 예배에 참석하는 사람들은 대부분의 시간을 강단에 서서 순서를 맡은 사람들의 얼굴과 앞에 앉은 사람의 뒷머리를 보고 있어야 합니다. 그러나 대부분의 장애인교회학교 공과교육은 교사와 학생이 1:1이나 1:2

의 비율로 이루어진 개별화 교육입니다. 따라서 서로의 얼굴을 볼 수 있고, 한 사람만 이야기하는 것이 아니라 서로가 서로의 생각을 나눌 수 있습니다. 대화를 통해서 상대방을 알아가고 자신을 다른 사람에게 알리는 기회를 갖게 됩니다. 그러므로 교사는 공과교육 시간에 가능하면 학생으로 하여금 의사표현을 많이 할 수 있도록 배려하는 것이 좋습니다. 학생들이 예배시간에 설교를 통해 하나님의 말씀을 어떻게 들었고, 어떻게 이해하고 있는가를 표현할 수 있는 기회를 주어야 합니다. 또 학생들이 알게 된 하나님의 뜻을 실생활에서 순종하려면 어떤 어려움이 있는지, 어떻게 하면 잘 순종할 수 있는지에 대해 서로 이야기를 나누도록 해야 합니다. 학생들이 성경의 가르침과 자신의 생활을 잘 연결시키면 시킬수록 그들의 삶에 구체적인 변화와 성장이 일어납니다.

교육은 성장과 성숙을 목표로 합니다. 장애인교회학교에서의 교육도 마찬가지입니다. 예수 그리스도를 닮은 인격과 예수님처럼 살아가는 사람으로 성장하고 성숙하게 하는 것이 목적입니다. 공과교육 시간에 교사가 예수님의 인격과 사역을 가르치는 것과 학생들이 배운 것을 이해하고 실천하는 것이 서로 잘 조화될 때 앎이 삶으로 변화되는 아름다운 열매를 맺게 됩니다.

3) 학생들이 변화하는 공과교육

스페인 속담에 "자신이 불이 붙지 않고는 다른 사람에게 불을 붙일 수가 없다"라는 말이 있습니다. 교사의 마음에 부흥이 일어나야 합니다. 교사는 자신과 학생들과 교회에 부흥이 일어나도록 먼저 기도해야 합니다. 부흥은 인간의 힘으로 일어날 수 없습니다. 부흥은 하나님의 절대주권과 전적인 은혜로 일어납니다.

이를 위해서 교사는 먼저 하나님의 사랑을 깊이 생각하며 은혜를 받아야 합니다. 하나님의 사랑을 경험하지 못한 학생들과 세상을 변화시키려 하기보다 세상에 동화되어가는 학생들에 대해 안타까워하는 목자의 심정을 회복해야 합니다.

나아가 교사는 현실의 어려움보다 하나님의 능력이 더 크심을 인정해야 합니다. 교사는 더 이상 패배의식에 사로잡혀서 낙심하고 무기력한 형편에 빠져 있어서는 안 됩니다. 세상을 이기신 예수 그리스도의 능력을 믿어야 합니다. 교사는 주님의 십자가와 부활의 능력으로 세상의 거센 파도를 이길 수 있음을 믿어야 합니다.

4) 공과 및 보조자료 활용법

(1) 공과준비(공과, 연결활동, 일반부록)

 가. 학생을 맡은 교사는 색연필, 풀, 가위, 칼, 색종이, 자 등을 기본적으로 마련해 둡니다.

나. 공과를 준비하기 전에 먼저 기도합니다.
　① 성령님께서 주시는 지혜로 공과를 준비하고 가르칠 수 있도록 합니다.
　② 복음이 효과적으로 전달되어 학생이 구원받을 수 있도록 합니다.

다. 관련 성경말씀을 찾아 읽고 충분히 묵상합니다.

라. 공과교재 본문을 읽으며 내용을 파악합니다. 학생에게 적용할 부분을 찾습니다(교사가 적절하게 적용점을 찾기 위해서 예배 설교에서의 적용점을 함께 공유합니다).

마. 이번 주에 진행할 공과와 공과부록을 칼로 오려냅니다.

바. 교사용 공과의 설명부분을 잘 읽어보고 순서대로 공과를 준비합니다.
　① 색칠하기, 오리기, 붙이기
　② 학생이 할 수 있는 부분은 남겨둡니다.
　③ 학생이 아무것도 할 수 없는 경우는 담임교사가 공과의 대부분을 모두 준비해 가거나 학생의 능력에 맞게 다른 자료를 만들어 사용합니다.

(2) 공과적용
　① 당일 학생의 기분을 고려합니다.
　② 공과교육 전 예배시간에 적용점을 강조합니다.
　③ 시각적 자료를 제시하면서 진행합니다.
　④ 학생의 자발적인 참여를 이끌어냅니다.

(3) 공과교육에서 기억해야할 점
　① 교회 교육과 세상 교육의 차이점은 성령님께서 도우시는 일인가 그렇지 않은 일인가입니다.
　② 단기간에 변화되지 않는다고 낙심해서는 안 됩니다.
　③ 공과 적용방법은 매우 다양합니다(기억해야 할 것은 예배의 주제를 학생과 공유하는 것입니다).
　④ 지금 내가 하는 방법이 틀렸다고 생각하지 말아야 합니다.
　⑤ 공과교육이 안 되는 학생은 없습니다. 따라서 어떤 학생도 교육 대상에서 제외시켜서는 안 됩니다.

(4) 보조자료

예배 중에 사용되는 개념들(기도, 감사, 찬양 등)에 대한 이해를 도움으로써 신앙교육의 기초를 세우고 예배에 흥미를 느끼도록 하기 위해 사용합니다. 공과교육 시간뿐만 아니라 평상시 집에서도 사용할 수 있기 때문에 신앙교육의 생활화를 이룰 수 있습니다.

(5) 보조자료 활용 시 유의점
　① 실물에 가까운 자료를 사용합니다.
　② 단순한 그림을 사용합니다.
　③ 테두리(경계선)가 명확한 그림을 사용합니다.
　④ 선명하고 밝은 색의 자료를 사용합니다.
　⑤ 평면보다는 입체자료를 사용합니다.
　⑥ 공과 준비가 끝나면 뒷면에 있는 연결활동 만드는 법을 읽어 보고 준비합니다.
　　– 연결활동에 필요한 재료를 미리 준비해 둡니다.
　　– 학생이 할 수 있는 부분은 남겨두고 만듭니다.
　⑦ 일반부록(예수님 카드)은 한 번 만들어 두면 매주 사용할 수 있습니다.
　　– 예수님이 좋아하세요/ 예수님이 싫어하세요/ 예수님이 듣고 계세요/ 예수님이 보고 계세요.
　⑧ 예배가 시작되기 전 교사는 풀, 가위, 색연필 등을 미리 준비하여 공과와 함께 학생의 눈에 띄지 않는 곳에 둡니다(학생의 주의산만을 방지하기 위해).
　　– 작은 가방이나 바구니를 학생 수대로 마련한 뒤 공과교육에 필요한 자료를 넣어두고 주일마다 사용하면 편리합니다.
　⑨ 공과와 연결활동 시간이 되면 필요한 자료를 하나씩 꺼내 놓고 학생과 함께 공부합니다.
　　– 책상 위에는 학습활동에 필요한 자료만 올려놓습니다.
　　– 가르칠 주제를 다양한 방법으로 반복 지도합니다.
　　– 학생에게 필요 이상의 도움을 주지 않도록 합니다.
　　– 조금이라도 잘 했을 때는 크게 칭찬해주어 학생을 격려합니다.
　⑩ 공과 및 연결활동이 끝나면 결과물을 반드시 학생의 가방에 넣어 부모님께 보내드립니다.

5) 시청각 교육자료 활용법

(1) 기초와 목적
　　시청각 교육자료의 내용은 하나님의 말씀에 기초를 두어야 합니다. 그 목적은 하나님을 알고, 만나고, 구원에 이르게 하는 데 있습니다. 특별히 시청각 교육자료를 활용하는 것은 학습 효과를 높이는 데 의의가 있습니다. 시청각 교육은 전통적인 주입식 교육과 달리 학생 스스로 행동하고 경험해 보는 구체적인 체험을 통해 창의력과 직관력을 계발하는 데 중점을 둡니다. 따라서 생활경험의 주체를 학생에게 두고, 그 신앙체험이 현실감과 친근감을 주며 창조적인 자기표현이 가능하도록 합니다.

(2) 내용구성
가. 설교와 동일한 주제를 다루되 다양한 방법으로 내용을 구성합니다.
나. 구원과 그리스도인의 삶에 초점을 맞추되 다양한 내용으로 구성합니다.
다. 개별학습에 도움이 될 수 있는 다양한 시청각 교육자료들을 사용합니다(예-연결활동 자료, 개념화카드, 개념화색칠공과 등).
라. 공과의 주제를 쉽게 전달하기 위하여 내용과 분량을 최소화하도록 합니다.
마. 학생이 학습에 적극적으로 참여할 수 있도록 내용을 흥미롭게 구성합니다.
바. 본문의 내용 구성은 쉽고 짧게, 그리고 학생이 이해할 수 있는 용어를 사용합니다.

(3) 시청각 교육자료의 유익
가. 인지능력이 부족한 발달장애인들은 어떤 사물을 이해시킬 때 단순히 말로 설명하여 이해시키는 것이 힘듭니다. 가능한 실물 혹은 그림으로 교육하는 것이 좋습니다. 실제로 발달장애인들은 3차원의 대상물, 곧 입체적인 사물을 우선적으로 받아들이며, 다음으로 2차원적 평면그림에 주의를 집중합니다. 그러므로 사실을 묘사하는 시청각적 경험은 발달장애인들에게 높은 감성적 자극을 주어 흥미를 유발하고 주의를 집중시켜 학습효과를 높일 수 있습니다.
나. 학생이 직접 보고, 듣고, 만지며, 꾸며볼 수 있기 때문에 다양한 감각뿐만 아니라 소근육 운동기술과 협응력이 발달합니다.
다. 과거의 역사를 사실적으로 받아들일 수 있게 됩니다.
라. 학습에 참여한 모든 학습자들에게 동시에 동일한 경험을 제공할 수 있습니다.
마. 감각을 통한 대리학습으로 추상화된 학습을 구체화할 수 있습니다.
바. 시각과 청각을 자극하므로 그 내용을 오랫동안 기억할 수 있습니다.

(4) 개념 이해를 돕는 시청각 교육자료 활용법
일반적으로 장애학생들은 개념에 대한 이해가 약합니다. 예를 들면 대소개념, 다소개념, 장단개념, 상하개념, 내외개념 등입니다. 뿐만 아니라 다양한 사물에 대한 이해는 물론 유추적 내용에 대한 이해는 더더욱 어렵게 여깁니다. 따라서 선교나 공과교육 시 내용을 쉽게 이해하도록 도와주기 위하여

개념 이해를 돕는 시청각 교육자료를 사용하는 것이 매우 중요합니다.

가. 자료 활용법
 ① 학생의 수준에 따라 어느 단계의 자료를 선택하여 학습할 것인지 결정합니다.
 ② 사용법을 읽어보고 미리 준비할 부분들을 준비합니다.
 ③ 학생에게 시청각 자료의 내용을 설명한 뒤 학생이 그에 맞게 활동하게 한 후 격려해줍니다.
 ④ 스스로 학습이 가능할 때는 교사가 필요한 부분만 도와줍니다.

나. 색칠 활용법
 ① 각각의 개념을 나타내는 그림에 학생이 직접 색칠해 보고 글씨를 따라 써보면서 스스로 학습할 수 있습니다.
 ② 가정에서 혹은 교회에서 인지능력이 약하거나 그림을 좋아하는 학생이 사용하면 좋습니다.
 ③ 학생이 색연필이나 크레파스로 견본을 따라 그림을 색칠해보고 왼편의 글씨를 따라 써보거나 교사를 따라 읽을 수 있도록 도와줍니다.

다. 카드 활용법
 ① 교사가 카드를 들고 그림을 한 장씩 보여주며 순서대로 설명합니다.
 ② 카드 뒷면에 글씨가 있으므로 교사가 그림을 보지 않고 학생에게 보여주면서 설명합니다.
 ③ 글을 읽을 줄 아는 학생은 그림의 글씨를 따라 읽어보게 합니다.

6) 장애인교회학교 공과 제작과 교육의 실제

(1) 교육목표
 가. 설정
  ① 학생의 현재 능력과 장단점 등을 고려하여 개별화 교육 목표를 설정합니다.
  ② 공과의 맨 위에 있는 학습 주제를 확인합니다.
  ③ 그 과의 학습 목표를 확인합니다.

 나. 교육목표
  ① 교사는 공과교육과 예배, 생활을 통해 교육목표가 성취될 수 있도록 항상 염두에 둡니다.
  ② 교육목표는 학생의 현재 수준에 맞게 구체적으로 설정하되 기간 내 달성 가능한 것으로 합니다.

(2) 교육환경
   가. 학생이 교사와 공과에 주의 집중할 수 있도록 자리를 배치합니다.
   나. 학생의 주의를 산만하게 할 수 있는 요소들을 제거합니다.
   다. 다양한 공간을 활용합니다.
   라. 일정한 시간과 장소를 정하는 것이 좋습니다.
   마. 수용적이고 허용적인 분위기를 제공합니다.
   바. 또래와 상호작용을 도울 수 있는 자리 배치뿐 아니라 교육 활동을 준비합니다.
   사. 학생은 물론 교사도 즐겁고 재미있는 시간이 되도록 합니다.
   아. 자연스러운 환경에서 가르치는 것이 최선입니다. 공과시간뿐 아니라 모든 교회 생활을 통해 지도합니다.

(3) 교육방법
   가. 진행 방법을 참고합니다.
   나. 학생의 특성을 이해하여 능력과 수준에 맞게 준비합니다.
   다. 학생의 개별화된 교육목표를 고려하여 준비합니다.
   라. 학생이 할 수 있는 활동을 제외한 나머지 부분을 준비합니다.
   마. 흥미를 유발할 수 있는 조작적이고 활동적인 공과를 마련합니다.
   바. 그림 자료 사용 시 밝고, 명확한 색을 사용하고 가능한 실물과 같은 색을 칠하여 사용하도록 합니다.
   사. 학생이 이해할 수 있는 말을 사용합니다.
   아. 발화는 분명하고 짧게 하며 주의집중을 요구하는 말을 사용합니다.
   자. 작은 것에도 즐거워하고 칭찬하는 습관을 갖습니다.
   차. 학생의 능력에 맞는 공과 준비뿐 아니라 부분 참여의 원칙을 기억하여 학생의 참여를 돕습니다.
   카. 학생의 장점과 약점을 파악하여 처음에는 학생의 장점을 이용한 수업을 하도록 하고 점차 약점을 보완하는 수업도 하도록 합니다.
   타. 매주 학생과 함께 진행한 공과는 학생 가방에 챙겨줍니다. 이로 인하여 학부모가 학생이 주일예배 때 학습한 내용이 무엇인지 알 수 있습니다. 또한 주일 예배 시 학습한 내용을 주중에 가정에서 반복하여 학습할 수 있습니다.
   파. 부모와 함께 가정에서 지도할 부분에 대해 의견을 나누도록 합니다.
   하. 자연스러운 자극과 결과를 이용하여 주제를 이해하게 합니다.

7) 효과적인 공과지도를 위한 제안

(1) 교사 자신의 달란트를 발견하고 계발해야 합니다.
(2) 반 학생에 대해서 가능한 한 많이 알고 이해해야 합니다.
   가. 학생에 대한 정보 수집 – 성별, 나이, 다니고 있는 학교나 직장, 성격, 장애영역, 신체적 특성, 기초생활능력(식사, 배변, 착 탈의, 청결 등), 언어발달수준, 인지발달수준, 사회성발달수준, 운동발달수준, 주의집중능력 정도, 강점과 약점, 좋아하는 것(음식 강화, 사회성 강화, 활동 강화, 토큰 강화 등을 위해서), 문제행동과 그것의 의미 등.
   나. 학생 주변 환경에 대한 정보 수집 – 가정의 물리적 환경, 가족, 친척, 친구, 학교나 직장의 교사, 동료 관계 등.
(3) 학생과 좋은 신뢰 관계를 형성할 충분한 시간을 가져야 합니다.
(4) 교육목표는 분명하고, 명확하게 세워야 합니다.
(5) 가능한 한 교회학교 전체가 성경적인 언어를 통일된 몸짓언어로 표현할 수 있도록 약속해야 합니다.
(6) 철저하게 학생 중심의 교육이 이루어지게 해야합니다.
(7) 생활 속에서 쉽게, 자주 접할 수 있는 구체적이며 실제적인 비유와 다양한 자료들을 제시해야 합니다.
(8) 교육의 방법 중 '강화' (물리적 강화, 사회적 강화, 토큰 강화 등)를 적절히 활용해야 합니다.
(9) 학생의 상태와 상황을 점검하고, 기록해보는 습관을 가져야 합니다.
(10) 무엇보다 성실한 기도와 깊이 있는 말씀 묵상으로 공과를 준비해야 합니다.

생각담금질

1. 우리 교회 장애인 부서의 공과교육의 목적이 무엇인지 생각해봅시다.
2. 학생들이 변화되는 공과교육을 위해 장애인교회학교에서 필요한 부분이 무엇인지 생각해봅시다.
3. 우리 교회의 효과적인 공과교육을 위해 필요한 시청각 자료는 무엇인지 생각해봅시다.

3. 연결활동을 디자인하라

1) 의미와 기대효과

공과공부 시간에 공과의 효율적인 이해를 돕기 위해 이루어지는 연계성 활동입니다. 연계활동은 주의집중력이 필요한 학생의 흥미를 유발하고 공과공부의 이해를 돕습니다. 또한 창의적인 다양한 활동을 통해 학생에게 자발적으로 참여할 수 있는 기회를 제공합니다.

2) 활용방법

(1) 주제를 시각화, 단순화합니다.
(2) 아이들의 사고와 눈높이에 초점을 맞춥니다.
(3) 아이들의 흥미와 동기 유발이 가능한 시청각 자료 등에서 착안합니다.

3) 진행 시 유의사항

(1) 전달할 내용을 한 가지만 반복적으로 설명하며, 제시 자료만으로 주제를 알도록 하는 데 착안합니다.
(2) 학생의 자발적인 참여를 유도합니다. 학생 스스로 수행해 봄으로써 성취감을 느끼게 하고, 교사는 방향만 제시해줍니다.
(3) 연결활동은 공과를 돕기 위한 연계성 활동이므로 공과를 충분히 학습한 후 연결활동을 제시합니다.

생각담금질

1. 우리 교회 부서에서 이루어지는 연결활동의 의미에 따른 기대효과에 대해 생각해봅시다.

2. 우리 교회 부서에서 이루어지는 연결활동 시 구체적인 유의사항에 대해 생각해봅시다.

4. 중보기도 모임을 디자인하라

장애인교회학교 목회자와 교사의 중요한 역할 중 하나가 바로 기도로 돕는 자의 역할입니다. 장애의 발생이나 장애자녀의 출생은 당사자나 그 가족에게 충격을 주기 때문에 목회자와 교사의 시기적절한 상담이 요구됩니다. 후천적으로 장애를 입게 된 중도 장애인의 경우나 장애자녀를 출산한 부모의 경우 장애발생은 위기상황으로 다가옵니다. 그래서 마음에 상처를 입거나 정신적인 충격을 받습니다. 이럴 때 목회자와 교사는 장애를 입게 된 사람이나 그 가족에 대한 체계적인 중보기도를 통해 그들이 예배자로 설 수 있도록 안내해 주어야 합니다. 또한 교사나 봉사자로 함께 섬기는 이들도 여러 가지 어려움을 당할 수 있으므로 중보기도를 통해 그 어려움들을 이겨나갈 수 있도록 인도해주어야 합니다.

1) 교사의 중보기도

장애인교회학교 교사가 장애인들에게 하나님의 사랑을 전달하려면 사랑으로 영혼을 잉태하고, 기도로 출산하고, 섬김으로 양육하고, 성령님께 성장을 위탁해야 합니다. 예수님이 친히 우리의 중보자가 되어 주셨듯이 하나님은 사랑이 필요한 연약한 장애인들에게 사랑을 전달할 사람으로 교사를 부르셨습니다. 따라서 장애인교회학교 교사는 사랑의 통로입니다. 그러므로 장애인교회학교 교사의 가장 중요한 역할은 하나님의 사랑을 장애인들에게 전달하는 것입니다.

사랑하는 자는 기도하지 않을 수 없습니다. 사랑한다고 하면서 기도하지 않는 자는 진정으로 사랑하는 자가 아닙니다. 이 땅의 신앙을 가진 부모들 가운데 자녀를 위해 기도하지 않는 부모는 없습니다. 사랑을 품은 교사는 기도하게 됩니다. 사도 바울은 아들과 같은 제자를 위해 밤낮 쉬지 않고 간구했습니다. 디모데후서 1장 3절에 보면 "나의 밤낮 간구하는 가운데 쉬지 않고 너를 생각하여 청결한 양심으로 조상 적부터 섬겨오는 하나님께 감사하고"라고 말합니다. 바울은 제자 디모데를 가슴에 품고 밤낮으로 기도했습니다. 이처럼 교사들 또한 사랑을 품고 기도하면 학생들과 사랑의 교감을 가질 수 있습니다. 이것은 어떤 특수교육이론으로도 설명할 수 없는 놀라운 교감입니다.

장애인교회학교 교사가 기도해야 하는 또 다른 이유는 장애인교회학교는 '은혜가 필요한 곳' 이기 때문입니다. 사람의 노력으로 학생들의 영혼을 변화시키는 데는 한계가 있습니다. 그러나 하나님의 은혜에는 한계가 없습니다. 하나님의 은혜가 주어지면 학생들이 변합니다. 따라서 장애인교회학교 교사는 기도를 통해 하나님의 은혜를 간구해야 합니다. 하나님의 은혜가 자기가 맡은 학생의 인생에 임하도록 기도해야 합니다. 하나님의 은혜가 임하면 기적이 일어납니다. 장애인교회학교 교사는 기도로 한 영혼을 출산하는 수고를 아끼지 말아야 합니다.

2) 중보기도팀 운영

장애인교회학교를 섬기는 모든 사역자들은 장애인교회학교 학생의 교육에만 관심을 기울여서는 안 됩니다. 그들이 먼저 하나님 앞에 날마다 예배자로 설 수 있도록 함께 말씀을 나누어야 합니다. 나아가 사역자 자신과 학생, 학생의 가정을 품는 중보기도팀을 운영함으로써 사역자들의 영적인 용량을 넓혀주어야 합니다.

중보기도팀을 운영하기 위해서는 우선 개 교회의 사정에 따라 모임 시간과 장소를 정하되 소요시간은 약 1시간 정도가 적당합니다. 중보기도팀은 학부모・교사・기도후원자・성도 등이 월 1회 정기적으로 모입니다. 중보기도모임은 기도제목을 정리한 기도지를 모임 중에 팀원들에게 배부하고, 배부된 기도지에 따라 기도한 뒤 이후 한 달 동안 계속하여 기도합니다.

생각담금질

1. 우리교회 중보기도모임의 성격은 어떤지 생각해봅시다.

2. 우리교회 부서를 위한 중보기도모임을 디자인해 봅시다.

예배를 마치며

1. 회복되어야 할 예배

한국교회는 복음의 역동성으로 말미암아 세계가 주목할 만큼 성장해왔습니다. 그리고 그 성장만큼이나 다양한 형태의 예배가 드려지고 있습니다. 마치 예배의 르네상스 시대를 맞이하고 있는 것 같습니다. 이렇듯 교단마다 다양한 유형의 예배가 드려짐에 따라 예배의 다원성으로 인한 예배의 거룩성이 훼손되고 있습니다. 그러나 정작 예배를 훼손하는 것은 예배 형태가 아니라 예배 대상의 문제입니다. "주의 성령이 내게 임하셨으니 이는 가난한 자에게 복음을 전하게 하시려고 내게 기름을 부으시고 나를 보내사 포로 된 자에게 자유를, 눈먼 자에게 다시 보게 함을 전파하며 눌린 자를 자유케 하고 주의 은혜의 해를 전파하게 하려 하심이라 하였더라"(사 61:1~3; 눅 4:18~19).

예수님께서 표명하신 대상은 가난한 자, 포로된 자, 눌린 자였습니다. 그리고 복음을 통해 이들을 모든 얽매임에서 풀어주는 것이 메시아의 사역이며 교회로 위임한 사역임을 밝히셨습니다(마 28:16~20). 하지만 한국교회는 부흥을 구가하면서 장애인들을 예배의 대상이 아닌 구제의 대상으로 전락시켰습니다. 그 결과 장애인들은 자신의 영적 권리를 찾지 못한 채 교회 밖에서 은혜를 갈망하는 자들로 남게 되었습니다. 따라서 복음의 보편성을 고려해 볼 때 장애인의 예배 참여를 배제한 한국교회의 예배는 그 진정성을 잃어버렸다고 볼 수 있습니다. 예배는 치유와 회복의 자리이기에, 장애인들에게는 꼭 필요한 자리입니다.

예수님께서는 인류를 위한 대속적 죽음을 앞두고 목숨을 건 기도를 하나님 아버지께 드리셨습니다. "아버지께서 내게 하라고 주신 일을 내가 이루어 아버지를 이 세상에서 영화롭게 하였사오니"(요 17:4). 예수님께서는 자신의 희생을 통하여 예수님을 믿는 누구나 하나님 앞에 나아갈 수 있도록 하셨습니다. 뿐만 아니라 예수님께서는 최후의 만찬 때 잔을 드시고 "많은 사람을 위하여 흘리는 바 나의 피 곧 언약의 피"(마 26:28)라는 말씀을 하셨습니다. "많은 사람을 위하여"라는 말씀 속에는 고통의 삶을 이어가는 이들도 포함하고 있습니다. 따라서 교회는 본질의 사명인 치유와 회복을 위하여 장애인들을 적극적으로 예배의 자리에 초청해야 하며 그들이 하나님의 은혜 가운데 영혼의 돌봄과 자기 발견의 경험을 가질 수 있도록 해야합니다. 한국교회는 장애인에 대하여 더 이상 무관심으로 일관해서는 안 됩니다. 오늘날 수많은 교회들이 예배에서 실패하고 있습니다. 변화하고 발전해야 할 교회가 성장을 담보로 장애인을 거부한다면 예배는 변질될 것이며, 결국 성령님마저 떠나고 마실 것입니다.

2. 하나됨을 위한 예배

한국교회의 성장 이면에는 분열의 역사가 있습니다. 장애인과 관련하여 살펴보면 개교회가 교회성장, 전도 중심의 정책을 추구했을 때 장애인은 구제와 동정의 대상으로만 취급되어 예배의 대상이 되지 못했습니다. 따라서 장애인들의 영혼에 관심을 가졌던 의식 있는 사역자들은 장애인들로 구성된 교회 혹은 선교회와 생활시설 등을 설립하여 예배를 드렸습니다. 장애인들 역시 스스로의 영적 권리를 찾기 위하여 그곳을 찾아갔습니다. 그리고 이제는 이원화된 예배 가운데 하나의 모델로 자리 잡았습니다. 하지만 예수님께서 교회가 하나되기를 위하여 간절하게 기도하셨던 것을 생각하면 가슴 아픈 일입니다.

"내게 주신 영광을 내가 그들에게 주었사오니 이는 우리가 하나된 것 같이 그들도 하나가 되게 하려 함이니이다"(요 17:22).

교회의 분열을 예견하셨던 예수님께서는 가슴이 찢어지는 간절한 마음으로 교회의 하나됨을 위하여 땀이 핏방울이 되도록 기도하셨습니다.

교회는 그리스도가 머리가 되시며(엡 1:22 ; 골 1:18) 유기적으로 한 몸을 이루는 예배 공동체입니다. 사도 바울은 고린도전서 12장 13절을 통하여 이러한 사실을 우리들에게 상세하게 설명해주고 있습니다.

"우리가 유대인이나 헬라인이나 종이나 자유자나 다 한 성령으로 세례를 받아 한 몸이 되었고…"(고전 12:13)

따라서 복음이 하나이듯 복음을 전하는 교회도 하나가 되어야 합니다. 장애인교회와 비장애인교회를 결코 나눌 수 없습니다. 그러므로 한국교회는 예수님의 기도를 기억하면서 분열의 역사를 회개하고 하나됨을 위하여 힘써야 합니다.

하나됨의 첫걸음은 교회가 장애인에 대하여 바르게 이해하는 것입니다. 다시 말해서 인식의 통합입니다. 온 교회가 육신의 장애를 통하여 영적 장애를 깨달아야 하며 연약함이 갖는 의존성을 배워야 합니다. 뿐만 아니라 작은 것에 만족하는 삶을 배워야 하고, 연약한 자들이 서로 섬기며 돕는 아름다운 생활법칙도 배워야 합니다. 목회자는 설교를 통하여 성도들을 가르쳐야 하며, 다양한 교육을 통하여 성도들이 연약함의 신비에 대하여 깨달을 수 있도록 해주어야 합니다. 그리고 봉사 현장을 통하여 사랑에 대한 가르침을 실천하도록 해주어야 합니다. 그 결과 "여러 지체가 서로 돌아보아 유익하도록 하신 하나님의 뜻"(고전 12:25)을 깨달으며, 하나님께 영광을 돌리게 될 것입니다. 또한 예배의 거룩성이 회복될 뿐만 아니라 교회가 하나됨을 지향하게 될 것입니다.

3. 영광을 드러내는 예배

교회는 하나님의 영광을 위하여 존재하며 예배를 통하여 하나님의 영광을 가장 잘 표현할 수 있습니다(계 14:7). 예배는 신앙을 드러내는 행위이자 창조주 하나님을 사랑하는 표현입니다. 예수께서는 사람들에게 사랑을 표현하는 방법을 두 가지 계명을 통해 제시해 주셨습니다. 그것은 곧 하나님 사랑과 이웃 사랑입니다(눅 10:27).

하나님께서는 먼저 독생자 예수 그리스도를 이 땅에 보내심으로 인류에 대한 큰 사랑을 드러내셨습니다. 그리고 그 사랑을 입은 자를 다시 세상으로 보내시며 하나님의 사랑을 실천하게 하셨습니다. 사도 요한은 요한일서 3장 23절에서 하나님을 사랑하는 자는 그리스도께서 주신 계명대로 서로 사랑할 것이라고 말합니다.

하나님의 영광은 사랑을 실천하는 곳에서 치유와 회복을 통해 나타납니다. "예수께서 들으시고 이르시되 이 병은 죽을 병이 아니라 하나님의 영광을 위함이요 하나님의 아들이 이로 말미암아 영광을 받게 하려 함이라 하시더라"(요 11:4). 그러므로 하나님의 영광을 위하여 부름 받은 자들은 연약한 장애인의 삶 속에서 하나님의 위대한 삶이 서로 연결되어 있음을 밝혀주어야 합니다. 이런 의미에서 하나님의 영광은 사랑하는 마음을 통하여 드러내야 하며 그 방편은 의식 예배와 삶의 예배입니다. 따라서 장애인들을 의식 예배에 참여케 함으로써 사랑을 전할 수 있어야 하며 또한 그들이 예배를 통해 하나님에 대한 사랑을 고백할 수 있도록 해야합니다. 그리고 삶의 현장에서 자발적으로 섬기고 헌신케 하여 하나님의 부요함을 맛보고 그 영광을 드러내도록 해주어야 합니다.

실천적 방안으로 교회는 장애인들에게 자유롭게 예배드릴 수 있도록 그들의 특성에 따라 분리 혹은 통합형태의 예배와 그에 맞는 환경을 조성해 주어야 합니다. 물리적 환경을 준비하기 위한 비용이 부담되겠지만 장애인 또한 천하보다 귀한 영혼입니다. 따라서 장애인이 예배드릴 수 있도록 환경을 구성하는 데 있어서 맘몬(Mammon)의 논리에 빠져서는 안 됩니다. 한편 장애인들이 교회에 통합됨으로써 서로에게 주는 영적 유익과 교회의 건강성, 그리고 그에 따른 성장의 결과를 안다면 교회에서 치른 대가가 보잘 것 없었다는 사실을 깨닫게 될 것입니다.

교회는 또한 단순한 구제를 전문적인 복지선교라는 패러다임으로 전환해야 합니다. 예수님의 뜻이 전인적 구원이라면 교회는 복지선교사역을 직접 실천하는 적극적인 방법과 지역사회 내의 전문기관과 협력해서 시행하는 간접적인 복지를 개교회의 상황에 따라 선택적으로 실천할 수 있어야 합니다.

'사역이란 주님의 이름으로 하는 섬김이다' 라는 헨리 나우엔의 말처럼 조건을 따지지 않는 섬김이야 말로 예수님께서 이 땅에 오신 목적이며 하나님의 영광을 드러내는 거룩한 예배입니다.

교회 예배는 하나님 중심의 예배로 갱신되어야 합니다. 교회는 하나님 중심의 예배를 통해서 거룩성을 회복할 수 있으며 세상을 변화시키는 주체로서 그 역할을 감당할 수 있습니다. 따라서 무관심과 무지했던 지난날의 역사를 회개하며 성경적으로 바른 이해를 토대로 교회의 하나됨을 위하여 장애인들을 은혜의 자리에 적극적으로 초청해야 합니다. 교회가 유기적인 공동체성을 회복할 때 건강할 수 있으며 건강하게 성장해 나갈 수 있습니다.

한국교회는 대제사장의 간절한 기도와 거룩한 희생을 기억하고 장애인과 비장애인이 더불어 통합된 예배모범을 통하여 21C를 비전 있는 역사로 만들어가야 할 것입니다.

부록

발달장애인을 위한 사도신경 찬양 악보

발달장애인을 위한 주기도문 찬양 악보

발달장애인을 위한 십계명 찬양 악보

아름다운 예배 만들기

    1. 언어치료 방법을 통한 공과지도

    2. 음악치료 방법을 통한 공과지도

    3. 미술치료 방법을 통한 공과지도

    4. 연결활동은 어떻게? 이렇게!

사도신경

※ 발달장애인을 위한 사도신경, 주기도문, 십계명 찬양은 미국 California State University, Los Angeles 특수교육학과 김효선 교수가 작사한 곡입니다.

주기도문

김효선 작사
손태랑 작곡

아름다운 예배 만들기 ❶

언어치료 방법을 통한 공과지도
인형놀이를 통한 공과지도

윤 성 령 <small>언어치료사</small>

아이들이 신체 성장과 함께 인지, 사회성이 발달하게 되면 자연스럽게 외부세계와 자신의 관계를 인식하게 된다. 아이들은 외부와 의사소통을 하려고 시도하면서 다양한 종류의 기호를 사용하게 된다. 울음, 웃음, 얼굴의 표정, 제스처, 그림, 구어 등이 모두 아이들이 사용하는 기호인데, 기호의 발달은 의사소통의 체계를 발달시키는 역할을 한다.

상징놀이를 할 수 있는 2세 가량의 나이가 되면 아이들은 가상의 사물이나 상황을 실제인 것처럼 상상하여 놀이를 한다. 그때 가장 많이 등장하는 도구가 인형이다. 인형을 가지고 놀면서 좋고 싫음에 대한 정서적인 반응이 분명해지고, 일상적인 주변 상황에 대해 이해하고, 다른 사람과 내가 구별된 존재라는 것을 알게 된다.

발달기의 아이들이 인형을 가지고 세상을 이해하고 소통하는 과정을 공과공부 시간에 응용해 본다면 아동이 더욱 흥미를 가지고 성경공부에 참여하게 될 것이다.

기도하는 인형 놀이

- **활동공과** : 한나의 기도를 들으신 하나님 <small>(말씀동산 1권 제6주)</small>
- **성경본문** : 사무엘상 1장 1~28절
- **주　　제** : 하나님을 믿어요.
- **학습목표** : 하나님은 간절한 기도에 꼭 응답해 주시는 분임을 알게 한다
- **목표문장** : 어려운 일을 당했을 때 '기도해요'
- **준 비 물** : 사람 인형(인형의 손을 기도손으로 모을 수 있는 것)

● **이렇게 활동해요**

자발적으로 이야기할 수 있는 학생이라면 여러 가지 상황에 대한 교사의 질문에 스스로 두 손을 모으면서 "기도해요"라고 말하게 유도한다.

자발적으로 이야기하기 어려운 학생의 경우에는 교사가 하려고 하는 대답을 먼저 분명한 한 단어로 정하고 단어나 단어의 한 음절씩을 따라하게 하거나, 인형의 손을 모아 동작으로 표현하게 한다.

① 학생과 함께 인형을 살펴보도록 한다. 인형에게 이름을 지어주고 인형의 손, 발, 얼굴의 눈, 코, 입, 귀 등을 만지고 인형과 학생의 신체 부위를 짝지어 보게 한다.

② 한나의 기도를 들으신 하나님에 대해 설명하고, 하나님께서는 간절한 기도에 응답하시는 분임을 설명한다. 한나가 기도하는 장면에서 인형의 두 손을 모아 기도하는 모습을 연출한다.

    교사 : (인형의 팔을 잡고 연출한다) "잉잉잉~ ○○(이)가 울고 싶을 때 어떻게 해야 할까?"
           "아야, 아야! ○○(이)가 아플 때 어떻게 해야 하지?"
    학생 : (두 손을 모으고) "기도해요"

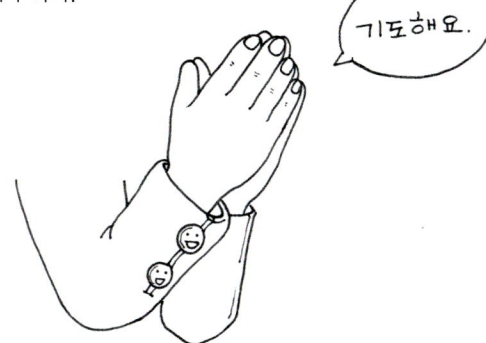

● **조금 어렵네요!**

· 교사의 설명에 주의집중하기 어려운 학생이라면 공과의 내용을 설명하기보다 하나님께 기도드리는 것에 중점을 두고 가르친다. 이때 인형의 손을 모아 기도하는 모습을 연출하고 학생이 모방하도록 한다.

    교사 : "△△아, 기도는 하나님께 드리는 거야. 우리 손 모으고 기도하자."
           (교사가 인형의 손을 모으고 기도하는 모습을 연출하고 학생이 따라하도록 한다.)
    교사 : (인형의 팔을 잡고 연출한다) "잉잉잉~ ○○(이)가 울고 싶을 때 어떻게 해야 할까?"
           "아야, 아야! ○○(이)가 아플 때 어떻게 해야 하지?"
           (인형을 학생에게 주어, 인형의 두 손을 가운데로 모아 기도하는 모습을 만들도록 유도한다.)
    학생 : (인형 손을 모아 기도하는 모습을 만든다.)

아름다운 예배 만들기 ❷

음악치료 방법을 통한 공과지도
단조와 장조, 다른 느낌으로 부르기

임 정 연 음악치료사

음악적 요소에 대해서 음악 시간에 한 번쯤은 들어보았을 것이다. 그러나 그것을 피부로 직접 느끼며 음악적 요소가 주는 느낌을 확연하게 경험해 본 적이 있는가? 여기에서는 같은 멜로디의 곡이 장조, 단조에 따라 느낌이 어떻게 다른지 느껴보고 적용해보고자 한다.

음악의 요소 즉, 리듬(Rhythm), 가락(Melody), 화성(Harmony)을 효과적으로 사용하면 학생들이 활동에 더욱 집중하여 참여하게 된다.

같은 가락의 노래를 긍정적 가사일 때는 장조로, 부정적 가사일 때는 단조로 바꿔서 적용해 보고, 피아노 반주에 있어서 화성이 주는 느낌에 중점을 두고 활동을 진행한다.

〈짜증나〉와 〈감사해〉

- **활동공과 : 불뱀과 구리뱀** 〈말씀동산 1권 제2주〉
- **성경본문** : 민수기 21장 4~9절
- **학습목표** : 성경말씀을 들으며, 실제 생활에서 내 모습이 어떤지에 대해 이야기한다.
  (이야기하며 나누는 단계에서 사용한다.)

● 이렇게 활동해요

[활동1] "이스라엘 사람들이 광야에서 하나님께 불평을 했어요"

① "나는 평소에 어떨 때(어떤 상황에 있을 때) 불평을 하나요?"
② 〈짜증나〉 노래를 선생님이 불러준다(단조의 느낌을 잘 살려서 표정과 목소리 또한 실제 짜증낼 때와 같이).
③ 아동과 함께 노래를 불러보며, (   ) 안에 넣을 내용에 대해 이야기해 본다.
④ (   )를 적절히 채워 다시 한 번 불러본다.

짜증나

〈짜증나〉를 반주할 때 효과적인 화성 ※ 짜증스러운 분위기가 더 느껴지도록 쿵쾅거리는 식으로 연주한다.

[활동2] "하나님, 낫게 해 주셔서 감사드려요."

① 하나님께 감사할 것들에 대해 이야기해 본 후, 감사의 구체적인 예, 혹은 하나님과의 기쁜 일에 관해 이야기해 보도록 한다.
② 〈감사해〉노래를 선생님이 불러준다(장조의 느낌을 잘 살려서 표정과 목소리 또한 실제 기쁠 때와 같이).
③ 아동과 함께 노래를 불러보며, (   ) 안에 넣을 내용에 대해 이야기해 본다.
④ (   )를 적절히 채워 다시 한 번 불러본다.

감사해

〈감사해〉를 반주할 때 효과적인 화성 ※ 밝은 분위기로 연주한다.

아름다운 예배 만들기 ❸

미술치료 방법을 통한 공과지도
돌멩이와 구슬을 굴려 보아요

김 상 희 미술치료사

미술치료는 미술활동과 다르다

개인 미술치료는 내담자의 나이에 따라 30분에서 50분 동안 진행된다. 내담자가 만지고 만드는 창작활동을 통하여 자신을 표현하는데, 이때 미술작품의 완성도를 보는 것이 아니라 내담자 자신의 내면을 얼마나 마음껏 표현하고 만족감을 느끼는지 활동 그 자체에 의미를 부여한다는 점에서 미술활동과 차이가 있다. 미술치료사의 역할은 내담자가 작업 활동에 집중할 수 있도록 도와주고 내적인 것을 마음껏 표현할 수 있도록 지켜봐 주는 안내자이자 친구이며 동반자이다.

개인 미술치료 시 진행방법에는 두 형태가 있는데, 내담자가 스스로 원하는 것을 하는 방법과 미술치료사가 미리 내담자에게 맞게 프로그램을 짜서 진행하는 방법이다. 미술치료 시 어떤 특정 기법이 정해져 있어서 그 기법대로 적용하는 것이 아니라 그때그때 내담자 특성에 맞춰 실시하면 된다.

미술치료 기법을 공과에 적용하려면

미술치료를 할 수 있는 환경과 충분한 시간이 필요하다.
선생님들은 아동과 충분한 신뢰감을 형성해야 한다.
어떤 기법을 적용할 때 선생님이 스스로 해 본 뒤에 아동에게 적용해야 한다.
(이때, 아동이 스스로 하게끔 유도해야지 선생님이 직접 해주면 안 된다.)
선생님들을 대상으로 한 공과적용 워크숍이 있어야 한다.

불순종의 돌멩이와 순종의 구슬

- **활동공과** : **불뱀과 구리뱀** 〈말씀동산 1권 제2주〉
- **성경본문** : 민수기 21장 4~9절
- **주 제** : 하나님을 믿어요
- **학습목표** : 불뱀(돌멩이)과 구리뱀(구슬)을 상징하는 활동을 통해 불순종과 순종의 차이를 안다.
- **준 비 물** : 상자 2, 도화지 3장, 돌멩이 1, 큰 구슬 1, 그릇 2(물감용, 구슬용), 빨강물감, 다른 색깔 물감(노랑이나 파랑), 일회용 봉투 2, 붓 2.

● **이렇게 활동해요**

이 공과는 물건을 입에 넣는 행위가 있는 아동을 제외하고는 모두 활동이 가능하다.
· 과잉행동이 있을 경우 약속을 미리 정하고 시작한다.

(예: 상자 밖으로 구슬이 나가게 하지 않기, 몇 번 이상 나가면 활동중지 등)

① 아동과 선생님이 마주보고 앉아, 한 상자에는 돌멩이를 다른 한 상자에는 구슬을 넣고 충분히 흔들어본다. 이후 돌멩이와 구슬을 한 데 넣고 흔들어본다. 빠르게도 하고 느리게도 하여 돌멩이와 구슬의 차이를 알게 한다.
② 상자 바닥에 맞게 도화지를 잘라서 깔고, 그릇(일회용 봉투)에 돌멩이를 담아 빨강색 물감을 짜 준다. 붓을 주어 돌멩이에 색칠하게 한다. ※이때 손에 묻히지 않기로 약속하고 활동한다.
③ 물감이 묻은 돌멩이를 상자 안에 넣어, 더 이상 물감이 묻어나오지 않을 때까지 상자를 흔든다. 돌멩이의 움직임에 따라 빨강색 흔적이 생기는 것을 확인하며 불뱀 이야기를 해준다.
④ 상자를 바꾸어 이번에는 다른 색 물감을 큰 구슬에 칠하며, 위와 같이 활동한다. 구리뱀 이야기를 해준다.
※ 불뱀을 상징하는 빨간 돌멩이는 잘 구르지 않고 물감도 점점이 묻는다. 구리뱀을 상징하는 다른 색 구슬은 잘 구르고 종이에 보다 선명한 흔적을 남긴다. 이 차이를 확인하게 한다.
⑤ 바닥 종이를 새로 깔고 각기 색을 입힌 돌멩이와 구슬을 한데 넣어 위와 같이 활동한 다음, 도화지를 꺼내 보여주며 불순종과 순종의 차이를 설명한다.

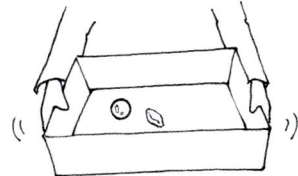

● **조금 더 어렵네요!**
  · 활동성이 약한 아동은 선생님이 뒤에 앉아 아동의 손을 잡고 할 수 있다.
  · 붓을 이용하기 힘든 아동은 일회용 장갑을 이용하여 손으로 묻혀 준다.
  · 물감에 집착하는 아동이라면 선생님이 미리 색칠해 둔다.
  · 오랜 시간 집중이 어려운 경우는 선생님이 ③을 학생이 ④번을 각각 하고, ⑤번을 함께하여 시간을 단축한다.

● **좀더 응용할 수는 없나요?**
  · 돌멩이에는 빨강 물감 대신 아동이 싫어하는 색을 사용해도 좋다. 구슬에는 좋아하는 색깔을 입힌다.
  · 아동이 신체 인식을 하게끔 구슬과 돌멩이를 팔, 다리, 배, 얼굴 등에 굴려줄 수 있다.
  · 아동의 능력에 따라 상자의 크기를 조절한다.
  · 활동 중에 물감이 손에 묻으면 도화지를 더 준비해 두었다가 손도장을 찍어줄 수도 있다.

아름다운 예배 만들기 ❹

연결활동은 어떻게? 이렇게!

조 한 나 한국장애인사역연구소 연구위원

한나 아줌마 꾸미기

- **활동공과** : **한나의 기도를 들으신 하나님** 〈말씀동산 1권 제6주〉
- **학습목표** : 기도의 어머니인 한나를 꾸며 봄으로써 한나의 믿음을 본받기로 다짐할 수 있다.
- **준 비 물** : 도화지, 테이프 필름, 양면테이프, 사인펜 또는 색연필

● 이렇게 활동해요
1. 한나의 얼굴 그림본을 준비하고 머리 부분은 양면테이프로 붙여 놓는다.
2. 학생이 머리 부분의 양면테이프를 직접 뗄 수 있도록 양면테이프 한 귀퉁이를 약간 떼어 놓는다.
3. 필름을 손바닥으로 비벼 동그랗게 만든 후 머리 부분에 붙인다.
4. 3번을 반복해 한나의 머리카락을 완성한다.
5. 신체에 대한 개념을 알고 있는 학생이라면 완성된 그림에 사인펜이나 색연필을 이용해 눈, 코, 입, 귀를 그리도록 한다.
6. 교사는 완성된 한나 얼굴을 보여주며 "한나처럼 하나님께 기도하는 사람이 되자"라고 말한 뒤 약속을 한다.

● 조금 어렵네요!
1. 얼굴 모양뿐만 아니라 눈, 코, 입, 귀가 다 그려진 그림본을 준비한다.
2. 머리 부분에 있는 양면테이프를 떼고 필름을 붙이도록 한다.

● 좀더 응용할 수는 없나요?
1. 가위질이 가능한 학생이라면 필름을 가위로 직접 자르게 한다.
2. 머리 부분에 양면테이프를 붙여 주고, 사람 그리기가 가능한 학생이라면 얼굴 형태뿐만 아니라 몸 전체를 직접 그리고 색칠하게 한다.
3. 글씨 쓰기가 가능하다면 그림 밑에 '기도하는 한나' 라고 글씨를 쓰게 한다.

믿음의 손가락 도장 찍기

- **활동공과** : 기드온을 이기게 하신 하나님 〈말씀동산 1권 제5주〉
- **학습목표** : 승리를 주시는 분이 하나님이심을 믿을 수 있다.
- **준 비 물** : 지점토, 물감 또는 수성사인펜, 종이접시, 화장지, 마분지

● 이렇게 활동해요

1. 종이접시에 물을 섞어 놓은 물감을 준비해 둔다.
2. 바닥에 마분지를 깔고 지점토를 학생에게 준다.
3. 지점토에 대한 거부감이 없고 만질 수 있는 학생이라면 지점토를 가지고 학생이 자유롭게 놀 수 있도록 한다.
4. 충분히 논 다음 "평평하게 펴보자"라고 말하고 지점토를 평평하게 편다. 손 힘이 약한 학생이라면 밀대를 준비해 평평하게 펼 수 있도록 한다.
5. 다섯 손가락에 물감을 묻힌 뒤 지점토 위에 찍는다.
6. 손가락 도장을 찍으면서 "하나님이 이기게 해 주신다는 것을 믿어요"라고 말하게 한 뒤 손가락 도장을 찍는다.
7. 활동이 다 끝나면 화장지로 학생의 손가락을 닦아준다.

● 조금 어렵네요!

1. 지점토 활동에 대해 약간의 거부감이 있고 소극적이라면 지점토의 차가움과 딱딱함을 감소시키기 위해 교사가 먼저 지점토를 만져서 부드럽고 차갑지 않도록 해 둔다.
2. 학생이 손가락 도장 찍기를 어려워하면 교사가 학생의 손가락 하나를 잡고 물감을 묻힌 뒤 지점토에 찍을 수 있도록 도와준다.
3. 손가락에 대한 움직임이 자유롭지 못한 학생이라면 손 전체에 물감을 묻혀 찍는다. 붓으로 물감을 손에 발라 주면 부드러운 자극으로 인해 학생들이 적극적인 참여와 흥미를 유도할 수 있다.
4. 물감을 싫어하는 학생은 수성사인펜으로 손 지문에 색을 칠하고 지점토에 찍는다.

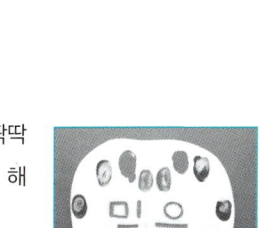

● 좀더 응용할 수는 없나요?

1. 지점토 활동을 자유롭게 할 수 있는 학생이라면 여러 가지 모양(별, 하트, 네모, 세모, 동그라미 등)을 납작하게 만들어 본다. 색깔을 다양하게 해도 좋은 자극이 된다.
2. 글씨를 보고 쓰거나 스스로 쓸 수 있는 학생이라면 완성된 지점토 위에 수성사인펜으로 '하나님을 믿어요.' 또는 '믿음'이라는 글씨를 쓰게 한다.

〈사례교회 인터넷 홈페이지 주소〉

가. 국내
가버나움교회(www.kcch.or.kr)
갈보리교회(www.icalvarychurch.org)
남서울은혜교회(www.nsgrace.org)
명성교회(www.msch.or.kr)
사랑의교회(www.sarang.org)
연수제일교회(www.ysjm.or.kr)
염광교회(www.yumkwang.or.kr)
영락교회(www.youngnak.net)
할렐루야교회(www.hallelujah.or.kr)

나. 국외

1. 한인교회
나성영락교회(www.youngnak.com)
남가주 사랑의교회(www.sarang.com)
Everyday Church(www.churcheveryday.org)
토랜스장로교회(www.itfpc.com)

2. 외국인교회
Mclean Bible Church(www.mcleanbible.org)

〈참고문헌〉

1. 강창욱, 김해용, 이준우, 『장애인복지선교개론』(서현사, 2006)
2. 김석한, 『예배 구성요소와 순서의 신학적 해설』(도서출판 대서, 2007)
3. 남서울은혜교회 장애우 위원회, 이준우, 『통합! 그 아름다운 도전』(서현사, 2008)
4. 데이브 퍼거슨, 존 퍼거슨, 에릭 브램릿, 김재영 역, 『예배 혁신 프로젝트 빅 아이디어』(디모데, 2007)
5. 레이몬드 아바, 『Principle of Christian Worship』(New York; Oxford University Press, 1952)
6. 매트 레드맨, 홍순원 역, 『예배자 핵심파일』(죠이선교회, 2004)
7. 매트 레드맨, 홍순원 역, 『예배자 핵심파일 2』(죠이선교회, 2006)
8. 박승희, 장혜성, 나수현, 신소니아, 『장애관련종사자의 특수교육 입문』(학지사, 2007)
9. 송인규, 『아는 만큼 누리는 예배』(홍성사, 2003)
10. 안교성, 『장애인을 잃어버린 교회』(서울:홍성사,2003)
11. 앨리슨 시워트 외, 임금선 역, 『최고의 예배를 디자인하라』(다윗의 노래, 2007)
12. 정일웅, 『기독교예배학개론』(도서출판 솔로몬, 1993)
13. 최현식, 『명품교사를 만드는 8가지 티칭 포인트』(브니엘, 2006)
14. 프랭클린 M. 지글러, 정진황 역, 『예배학 원론』(서울: 요단출판사, 1979)
15. 하정완, 『교사십계명』(나눔사, 2007)
16. '축복의 통로' 4월 창간준비호(한국장애인사역연구소, 2004)
17. '축복의 통로' 7·8월호(한국장애인사역연구소, 2004)
18. '축복의 통로' 9·10월호(한국장애인사역연구소, 2004)
19. '축복의 통로' 11·12월호(한국장애인사역연구소, 2004)
20. '축복의 통로' 1·2월호(한국장애인사역연구소, 2005)
21. '축복의 통로' 3·4월호(한국장애인사역연구소, 2005)
22. '축복의 통로' 5·6월호(한국장애인사역연구소, 2005)
23. '축복의 통로' 7·8월호(한국장애인사역연구소, 2005)
24. '축복의 통로' 9·10월호(한국장애인사역연구소, 2005)
25. '축복의 통로' 11·12월호(한국장애인사역연구소, 2005)
26. '축복의 통로' 1·2월호(한국장애인사역연구소, 2006)
27. '축복의 통로' 3·4월호(한국장애인사역연구소, 2006)
28. '축복의 통로' 5·6월호(한국장애인사역연구소, 2006)
29. '1998년 제1회~2006년 10회 장애인선교지도자세미나 강의안모음집 Worship & Training 1 - 1'(한국장애인사역연구소, 2007)
30. '1998년 제1회~2006년 10회 장애인선교지도자세미나 강의안모음집 Worship & Training 1 - 2'(한국장애인사역연구소, 2007)
31. 한춘기, 『교사 마스터링』(생명의 양식, 2008)
32. 헨리 나우웬, 김성녀 역, 『긍휼』(IVP, 2002)
33. 현유광, 『교회교육 길라잡이』(생명의 양식, 2008)